美美咨询思想库丛书

情商
生出了漫天的阳光

郭秀宽/著

Sunshine

SPM 南方出版传媒 广东经济出版社

·广州·

图书在版编目（CIP）数据

情商生出了漫天的阳光 / 郭秀宽著 .—广州：广东经济出版社，2021.12
（美美咨询思想库丛书）
ISBN 978-7-5454-8164-8

Ⅰ . ①情… Ⅱ . ①郭… Ⅲ . ①情商—通俗读物 Ⅳ . ① B842.6-49

中国版本图书馆 CIP 数据核字（2021）第 260496 号

责任编辑：易　伦
责任校对：黄思健
特约编辑：宋小龙、谢中强
插画作者：郭子轩
封面设计：李姗倪
责任技编：陆俊帆

情商生出了漫天的阳光
QINGSHANG SHENGCHULE MANTIAN DE YANGGUANG

出 版 人	李　鹏
出版发行	广东经济出版社（广州市环市东路水荫路 11 号 11～12 楼）
经　　销	全国新华书店
印　　刷	广州今人彩色印刷有限公司
	（广州市番禺区大石街会江村石南二路 9 号 4 号楼）
开　　本	787 毫米 ×1092 毫米　1/16
印　　张	14.25
字　　数	140 千字
版　　次	2021 年 12 月第 1 版
印　　次	2021 年 12 月第 1 次
书　　号	ISBN 978-7-5454-8164-8
定　　价	100.00 元

图书营销中心地址：广州市环市东路水荫路 11 号 11 楼
电话：（020）87393830　　邮政编码：510075
如发现印装质量问题，影响阅读，请与本社联系调换
广东经济出版社常年法律顾问：胡志海律师

序　言

只能拿高分的孩子，情商恐怕很低。

——题记

写这本书的动念源于一个承诺。

笔者曾经不止一次在企业内部面向全员夸下海口——在从业第二十个年头的时候，美美咨询要为行业贡献20本专业书籍，这些书籍须涵盖经营、管理、文化、产品、运维等各个方面，是美美咨询全体战友多年来一线工作及其思考的沉淀与总结，并希望能助推中国泛美行业的健康可持续发展，也能真切体现美美夏尔巴人的企业精神。

在此之前，美美咨询完成了8本书籍的出版，钱浅老师的3本全新力作《封闭式领导力》《老钱观美业4》和诗集《我的正面　你的反面》也将在2021年年底前陆续出版。每一本书籍的出版，都是作者对自己的挑战，挑战自己的体力、智慧、思想和精神，挑战自己的时间管理性、自律性，那是灵感再生后内心波澜壮阔的感悟。

之所以会选择“情商”这一题材，是因为两年前给企业内部做与情商有关的培训时，团队管理层都觉得非常受益，于是在精心打磨后，把情商课程搬到了企业家培训的课堂上。参与培训的各位企业家的反响同样很好。我意识到，应该有更多的人需要对情商进行重新理解，不断提升自己的情商，用情商给自己赋能，这样既有助于工作，更有助于生活和家庭。

在长达18个月的积累和创作的过程中，我不断请教知名的学者、企业家、跨国公司总裁及行业协会领导，他们都给了我许多积极的反馈，让我受益匪浅。在此特别感谢马娅女士、徐井宏先生、艾路明先生、杜家滨先生等对我的帮助和指导，感谢钱浅先生为本书命名。

无用之用方为大用。情商是一门看起来较“虚”的学问，而做企业要时刻关注客户价值，关心团队成长，这又是一门很“实”的学问。如何“虚”“实”结合，或者化“虚”为“实”，着实困惑了我许久。回想自己这么多年来得到了许多人的鼓励和认可，他们给予了我无数的温暖和帮助，还遇到了许多有趣的人和精彩的事，究其根本，都有情商的因素在其中闪现。

爱默生说，一个人对这个世界最大的贡献是让自己幸福起来。

高情商让做事更有效率，让人际关系更有温情，让家庭更加和谐，让社会更加美好，所以，在隐约的号角声中，在探索情商如何有益于企业高速成长的道路上，我义无反顾地再出发，把一切抛在脑后。

愿情商生出漫天的阳光！

郭秀宽

2021年8月6日于广州

目　录

第一篇　情商综论

第二篇　职场情商

第三篇　管理情商

第四篇　社会情商

第五篇 觉者情商修炼

卷尾语

第一篇　情商综论

Sunshine

第一章 情商的意义

当下的时代，人必须紧守情商和韧性。因为没人能预知到未来几十年的发展，很可能你今天学的东西，到了五十岁变得毫无用处，但是情商和韧性能让你有稳定的心态和持续学习的动力。

——《未来简史》（尤瓦尔·赫拉利）

我们生活在这个世界上，每个人都在碌碌奔忙，很少有人没在感情上受过伤，尤其是在当下这样一个情、理、法交融的社会。有的醉心于儿女情长，有的图碎银几两，有的想纵横职场，有的为了内心理想……情商在人际关系、情绪控制、职场发展、感情维系、日常管理和个人领导力塑造等方面发挥着作用，影响着个体命运。可以说，情商是所有人的痛点和刚需。

人生就像一驾马车，马车是由马来拉动的，人生是由情绪来推动的。控制马的工具是缰绳，管理情绪的工具是情商。如果拉车的马受到惊吓而失控，可能会出现翻车的事故；如果人的情绪失去控制，可能做出来的事让自己悔恨终生。冲动是魔鬼，情商就是负责把冲动的魔鬼关进笼子里的安全官。

哈佛大学的丹尼尔·戈尔曼教授说："情商是决定人生成功与否的关键。"

情商是可以通过培养而提高并有所改变的，提高情商是把不能控制的情绪变为可控制的情绪，从而增强理解力、同理心及与他人相处的能力。

情商是从大处着眼，在小处落笔。关于情商最接地气的解释是一位老人说过的一段话："如果你的朋友或同事生了第二胎，你去探望，最恰当的礼物不是给产妇买最好的滋补品，也不是给新生儿买最好的奶粉，而是给老大也买一份礼物，并且在探望时多跟老大交流，让他感到叔叔阿姨对他的关注和爱一如既往。这个时候，老大是全家之中最敏感、脆弱的，你的小小体贴可能使得他对老二的态度完全不同。降低老大的敌意，是你给老二最好的礼物。"这样的高情商处理方式，给和谐家庭打下了坚实的基础。

关于情商的重要意义主要有以下几点：

（1）情商是一种基本的生存能力。

（2）没有情商的人，要么智商极高，要么身心不健全。

（3）情商可以激发自身潜能，提升领导力。

（4）情商是向上定位的人生必修课。

（5）情商让我们拥有良好的人际关系。

（6）情商让我们更合理地分配时间和情感。

（7）情商让我们妥善地处理和化解在工作、家庭及突发事件中产生的压力。

（8）情商让我们有勇气和善意去面对未来。

让我们跟随此书，一起走进情商的世界……

第二章　情商的发展趋势

天行有常，不为尧存，不为桀亡。

——《荀子》

经过四十余年的改革开放，中国已成为世界第二大经济体，中国人民正在为全面建成富强、民主、文明、和谐、美丽的社会主义现代化强国而奋斗。今天的我们正处于“情”与“商”前所未有的碰撞时代，生活在“情”与“商”的纠葛之中。

如果以长江为线，笔者总结了八个字：江北重情，江南重商。

大意就是：在长江以北地区经商的人，对于情义的重视在有些时候超越了商业规则，尤其是东北三省；长江以南地区的人对于规则的敬畏程度更高。如中国经济特区的典型代表城市深圳，是继首都北京之后聚集了我国56个民族的城市。“来了就是深圳人”，深圳政府的这句口号体现了深圳的包容和接纳，以及其能够提供相对公平的竞争环境，让走进深圳的外地人感受到浓浓的关爱和温暖。原来流行“北漂”，现在流行“南漂”。

从更广阔的视野与范畴，我们会看到情商发展的四个大趋势：

1. 竞争日趋激烈，情商能力降低。

今天的世界，各种挑战、压力、混乱和恐惧正在逐渐增加。日益复杂的国际局面对于人们的情商要求更高，然而，全球的整体情商能力却在逐年下降，这样的结果非常让人担忧。日益增加的压力、持续的变化、恐怖主义、全球变暖、全球经济危机等问题都是这个世界消极的发展趋势，需要我们更有意识、更有意图、更有意义地提升积极变革的能力。其中，保持情绪平衡、运用内在动力和同理心的能力在持续下降，因此，在全球范围内，人们的情绪正在变得更加反复无常，自我激励能力变得越来越低，同情心也变得越来越弱。

2. 健康水平和亲密程度下降。

虽然社交媒体上的交际工具越来越多，医疗水平也有了极大的进步，但与过去相比，人们却越来越觉得孤独，人际关系越来越疏离，健康状况也越来越差。在国内也出现了一种声音——“躺平”，而且它居然受到了一些年轻人的追捧，他们公然声称要舍弃欲望、放弃追求。像咸鱼一样直挺挺地躺下，似乎已是目的本身："只为活着，并不打算跃起。"他们对原有的生活一律大声说"不"：不工作、不消费、不社交、不恋爱、不结婚、不生子、不买房、不挣扎、不抱怨、不呐喊……这几年从"佛"到"丧"，从"卷"到"躺"，言辞越发激烈，行为日趋乖张。笔者很想问一句，"躺平"容易，然后呢？沙滩一躺三年半，风吹浪打翻不翻身？

3. 优秀的人会越发优秀。

优秀是一种习惯，优秀的人领导平庸的人。

古往今来，优秀的人创造了历史，平庸的人繁衍了种族。

优秀的人在思维修炼、驾驭情绪和追求超我目标方面的能力均高于普通人。这意味着优秀的人更有机会成为管理者，拥有更强的使命感，更加擅长将情绪的能量转化为行动，也更善于化挑战为机遇。如果你想成为一名管理者，可以先从提升这些技能开始。首先修炼你的乐观思维。同时，与普通员工相比，高管更加积极主动，也更容易被激励和启发；而且，他们会运用这些能力来领导自己的组织。发展情商能力有助于你为应对未来领导工作中的挑战做好准备。

4. 各行业的情商平均分值存在巨大差异，部分行业上行空间很大。

在各行业中，从事服务业和物流业的人情商平均分值最高，信息技术和通信行业的人情商平均分值最低。数据表明，服务行业和物流行业的从业人员更加注重情商，而信息技术和通信行业的从业人员似乎更加注重智商，对人际交往的能力则关注较少。现实生活中有许多从事IT工作的“码农”，他们喜欢代码远胜过与人交际沟通，用“码农”自己的话翻译过来就是——不喜欢和人类打交道。对于更侧重智商的行业，如果情商同时“在线”的话，这些行业上行的空间将非常巨大。

随着大数据、智能化和互联网的发展，线上的交流将会日常化，而线下的见面则会越发珍贵稀缺。所以，未来的三十年，人类世界一定是情商的世界。

第三章　从传统文化看情商

人好刚，吾以柔胜之；人用术，吾以诚感之；人使气，吾以理屈之。则天下无难处之人矣。

——《少年进德录》

中华传统文化思想深邃、圆融，内容广博宏大，哺育和滋养着一代代国人砥砺前行。其中非常有代表性的为儒家五常——“仁、义、礼、智、信”。

孔子最早提出“仁、义、礼”，孟子延伸为“仁、义、礼、智”，董仲舒扩充为“仁、义、礼、智、信”，后称“五常”。“五常”中有四个说的是情商，只有“智”说的是智商。“智”只占了五分之一，“仁、义、礼、信”全是情商。“仁、义、礼、智、信”这五个字架构了中国人的道德伦理，但是好多人从来没有关注过。我们欣赏一种文明或者学习传统文化，并不是说我们一定要接受它的哲学思想，当然，这种哲学思想会提升我们的理性，但更主要的是我们要学习它的情商。

1. 何谓仁?

仁者，人也，指人与人之间要仁慈、仁厚。“人”旁边有个“二”字，意味着人不能离群而独存。发扬“老吾老以及人之老；幼吾幼以及人之幼”，以及“己所不欲，勿施于人，事物为人，而不为己，发为恻隐之心，宽裕温柔”之精神，即为仁。仁者，易也。凡事不是光想着自己，多设身处地为别人着想，为别人考虑，做事为人为己，即为仁。儒家重仁，仁者，爱人也。简言之，能爱人即为仁。仁，就是善良、朴实。

2. 何谓义?

义者，“人”字出头，加一点。在别人有难时出手、出头，帮人一把，即为义。义者，宜也，即因时制宜，因地制宜，因人制宜之意也。当做就做，不该做就不做。古字“义”，离不开我，用我身上的“王”去辨别是非，在人家需要时，及时出手，帮人家一两下，即为义。义，就是情义、乐于助人。

3. 何谓礼?

礼者，示人以曲也。己弯腰则人高，对他人即为有礼。因此敬人即为礼。古之礼，示人如弯曲谷物也。只有结满谷物的谷穗才会弯下腰，礼之精要在于曲。礼，是一个人为人处世的根本，原指中国古代的等级制度，以及与之相适应的道德规范和社会规范，后发展成为由风俗习惯形成的或人为规定的礼仪，指个人在待人接物时所表现出来的道德修养。礼，就是礼貌、尊敬他人。

4. 何谓智？

智者，知道日常的东西也。把平时生活中的东西琢磨透了，就叫智。观一叶而知秋，道不远人即为此。明白是非、曲直、邪正、真妄，即人发是非之心，文理密察，是为智也。智，就是要人们努力地学习知识，提高文化修养，做个有智慧的人。智，就是智慧、圆融。

5. 何谓信？

信者，不疑也，不差爽也，诚实也，就是“言出由衷，始终不渝”。信字从人言，人言不爽，方为有信也。诚心之意，以诚居心，必然诚实。处世端正，不诳妄，不欺诈者，是为信也。远古时没有纸张，没有文字，经验、技能均靠言传身教。那时候的人纯真朴素，没有那么多花花肠子，故而真实可靠。别人用生命或鲜血换来的对周围世界的认识，不信是要吃亏的。由此得出，信者，实为人类之言，是人类从普遍的生产和生活经验中总结出来的东西，当然不会骗人。信，就是诚实守信。

“仁、义、礼、智、信”作为中国古人高度概括和抽象的道德范畴名称，仍然具有永恒的、普世的意义和价值。这是因为：

一方面，在漫长的历史发展过程中，“仁、义、礼、智、信”的具体内涵中积淀了中华民族许多优良道德传统，具有普遍意义，其中不少内容，如“内不欺己，外不欺人”“老吾老以及人之老，幼吾幼以及人之幼”等早已被公认为人类普遍遵守的道德准则；另一方面，“仁、义、礼、智、信”的表述，作为概括和抽象的道德范畴形式，也是中国传统文化中一份极其珍贵的遗产，可以说是中华民族传统伦理道德的品牌文化符号。

“仁、义、礼、信”这种对于一个人内心深处道德品质的修炼和约束，就是对情商的锤炼与提升。自己充盈才能感知世界的丰富，己好学才能感知世界的新奇，自己善良才能感知世界的美好，自己坦荡才能逍遥地生活在天地之间。

第四章　性命情商

性者，天生之质，若刚柔迟速之别；

命者，人所禀受，若贵贱夭寿之属也。

——《易·乾》孙颖达疏

性是指人的灵明慧觉，命是指人的气血生身，性即是心性，命即是生命。《性命圭旨》云：“神不离气，气不离神”“性不离命，命不离性”。以生理变化心理，以心理变化生理。

男女大脑图告诉我们，大脑也男女有别。下面是一些很有趣的男女差异：

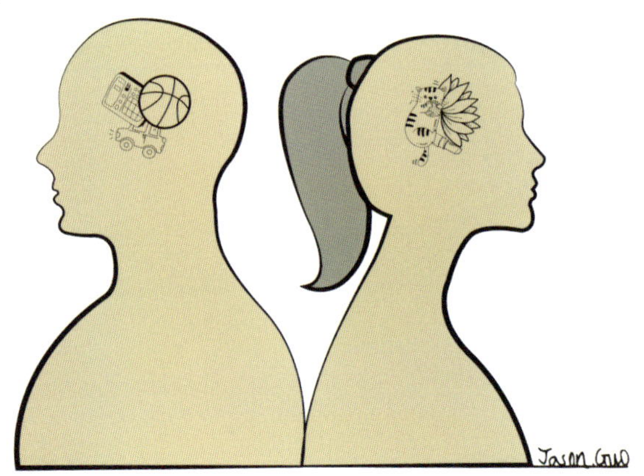

男人在估计时间、判断物体速度、心算、空间导航、三维空间中想象物体等项目上，比女人更出色。科学家认为，这可以解释为什么数学家、飞机领航员、机械工程师、建筑师和职业赛车手中男性要比女性多得多。

女性则比男性更善于处理人际关系、察言观色、完成具体和计划好的工作，在情绪和艺术表现力、审美、语言表达上也更优越。比如在回忆单词表或文章段落时，女性一般比男性做得好。女性比男性更容易情绪化，女性感情丰富、细腻，容易触景生情，也容易掉眼泪这是因为女性的大脑中的某一个区域和男性不太一样，使得大脑在工作中发生了变化，从而造成女性多愁善感的一面。在识别物体的时候，女性的右前额叶比男性更容易被激活。而额中回是参与情绪加工的关键脑区，女性不同于男性的身体特性决定了其会受到更多情绪上的影响。

我们从男女大脑生理构造方面再回到思想情绪方面，中国思想文化的核心是儒、佛、道三教。儒家追求成圣，佛教追求成佛，道教追求成仙。从早期的情况来说，儒家注重修养道德人格，佛教注重解脱人生痛苦，两家皆偏重心性和思想，而忽略身体的锻造。道教则偏重健身、长生之道，而忽略心性的打磨。现代社会相当数量的人，性与命两个方面都出现了严重的病态，如不加以解决，将危及身心健康。心性生命即精神生命方面的病态主要是缺乏信仰和理想，趋向功利实用主义和短期机会主义，生活日益浅薄化和狭隘化。形体生命即生理生命方面的病态主要是因为环境恶化、不良嗜好以及过度享受造成生理损害、生命力脆弱和恶性疾病的产生。要解决这些问题固然要靠社会环境、人文环境和自然环境的改善，同时也要靠人的主观意识，提升情商的层次和维度，认识并改造环境。

有一句很扎心的话：当你很穷的时候不要去谈情商，不要去混圈子，你最应该做的是提升自己的实力，而不是去社交，去取悦别人。其实，平庸的人只有一条命，叫性命；优秀的人有两条命，即性命和生命；卓越的人则有三条命，即性命、生命和使命，它们分别代表着生存、生活和责任。尘世间万般留恋，人人都希望离苦得乐。但快乐是分层级的。初级的快乐是肉体的快乐，那是饱、暖、物、欲；中级的快乐是精神的快乐，是琴棋书画诗酒花，仗剑骑马走天涯；高级的快乐是灵魂的快乐，是帮助别人，快乐自己，是付出、奉献，让他人因为你的存在而快乐。

孟子把人性分成两个层次：一是耳目口腹之欲，是对美食美色、安逸生活的向往；一是对仁义礼智等道德的追求。这是命也是性。但孟子认为，口腹之欲和仁义道德又有细微的差别，人的口腹之欲属于命，是外在于自身的，而仁义礼智等道德观念才真正属于人的本性，是内在于自身的。人的内在追求和外在需求不同，得到的难度也不一样。一面是求则得之的仁义道德，一面是求未必得的功名利禄，人生应该追求什么，答案已经呼之欲出了。仁义礼智根植于心，你早已经拥有，最容易得到，努力追求就是了。功名富贵外在于自身，命里有时终须有，命里无时莫强求，得之我幸，失之我不痛，人生不能苟且，更不能失去自我。

人生到处知何似，性命情商见高低。

第五章　情商不是什么

知道这个社会的恶，但仍然选择善。

世界的模样，取决于你凝视它的目光。

——《心若向阳，何惧忧伤》

一、情商不是会说话

情商高就是会说话，好胳膊好腿不如好嘴，这样的话语近几年来经常听到，还有许多“专家”和“学者”专门传授这方面的课程，大有只要把话说好整个天下就尽在掌握的感觉。

在生活中，我们确实经常看见有的人无论走到哪里，都让人如沐春风，产生亲近感；而有的人，一张嘴就令人感到尴尬，退避三舍。这就是情商高低所表现出来的语言差异。于是“专家”说：所谓高情商，就是会说话。

而笔者认为的高情商却不仅仅是会说话，生活中的一举一动、一言一行，都能体现一个人的情商。把握好度的会说话，是高情商。如果一味只知道说漂亮话，是圆滑，还要有原则性。圆滑处事的人会让旁人觉得没有原则性，只是为了让自己说的话很漂亮，而忽略了做事的必要性，甚至期待通过动动嘴皮子就解决问题。高情商的人不但有原则性，而且有的放矢，既坚持原则，也能让别人欣然接受。把对方看在眼里，放在心里，交谈中时不时望着对方，带一点点观察，让对方充分感觉到他在你眼中一直存在，让对方觉得被重视。虽然这是说话的艺术，但更强调的是如何待人。真正情商高的人，是心里装着别人的人，而不是那种靠着会说话和刻意迎合粉饰自己的人。对自己负责，对别人负责，让别人舒服，也让自己舒服。取悦了别人，也取悦了自己。情商高的人，不应该像月亮，只反射别人的光，照亮别人；而应该像太阳，自己发出光芒。

二、情商不是会交际

笔者有一位特别爱交际的行业朋友，他每天忙于各种应酬之间，大家都很喜欢他，各种场合都喜欢叫上他，有了他的地方就有许多趣味。而他似乎从来没有自己的时间和空间，随叫随到。喝酒的时候他和你猜拳，唱歌的时候他给你伴舞，玩牌的时候他也能赌上几把，打高尔夫的时候他会出现在你面前推上几杆，吹牛聊天的时候他的段子让人捧腹大笑……他是我们圈子里公认的高情商代表。前不久我和他见面，他说不想再交际了，觉得很累很假，之前的种种表现都是为了洽谈业务或者促进商务往来，十几年过去了，财富积累已有小成，顿时觉得人间不值得。当时我很庆幸，他和我的交往没有涉及业务往来。所以，在交际的另一个维度，你觉得别人不善交际，可能是别人不屑于和你交流。想想自己有什么值得别人跟你交流的，你的高情商或高智商能否为别人带来帮助？世间所有的内向，都是聊错了对象，别认真，认真你就输了。

三、情商不是很聪明

前文已经讲过情商和智商的区别，聪明属于智商的范畴，和情商相辅相成，但是聪明不是情商。被情商加持过的聪明能够成就更大的事业。笔者因为业务上的关系和珠海格力集团的董明珠女士有过几次合作，现场聆听了董小姐的演讲。原来在笔者的认知里，董小姐应该是杀伐果断、雷厉风行、领导力强悍的“铁娘子”，接触下来发现董小姐除了具备极强的领导力和个人魅力外，还有着超高的情商。至今还记得董小姐说过的一句话：“什么是领导？领导就是团队需要你的时候马上出现，不需要你的时候消失在天边。”

四、情商不是城府深

世界上最长的路就是套路。情商高就是会做事情，在任何时候都能够把事情处理得很好，大家都容易接受，彼此都比较舒服。而城府深就是猜不透对方的心思，情绪平稳，心机很深，整天一副云淡风轻的样子，对什么事都满不在乎；喜怒不形于色，心思细致缜密，凡事都能比别人多想几层；不轻易发表言论，不轻易表达自己的观点和立场，含糊其词，左右逢源，似乎和周围的人相处都很融洽。对于有的人来说，城府深，可能藏着内心深深的算计与阴暗，但笔者认为绝大多数的城府深只是他们身上的“保护色”，就像枯叶蝶那般，万千世界只求一份安心稳定的生活。他们谦和忍让，宽容大度，有条不紊，会自我保护又不会触怒对方，有了城府，会匹配与自己身份相符的言行，知进退，懂避让，能够让自己不论是在工作还是生活中，都更好、更稳定地生存。

我们的周围需要后面这种城府深。

五、情商不是谄媚、奉承、巴结、虚伪

谄媚、奉承等是为了一己私利而不顾事实，刻意、夸张地溜须拍马。赞美和恭维则是在对方优点的基础上坦荡地认可，是好话，既是胸怀宽广的象征，也是能成大事的表现。所以我们不仅

要会说赞美和恭维的话，还要坦坦荡荡地学习赞美和恭维的艺术。有一年在新东方年会上，员工改编《沙漠骆驼》的歌词来吐槽公司，里面有一句很经典的话：“干活的累死累活，有成果那又如何，到头来干不过写PPT的。”人在旅途，偶尔的结伴就像公司中聚散不定的同事，曾为同一个目标而奋斗，也曾跟着同一个领导学习。无论是勤勤恳恳的人还是投机取巧的人，也许都是默默达成了协议的双方，在袖子里的握手，在潜意识中的点头，一个去笑脸相迎攀龙附凤，一个去笃行不怠足行万里。可能两者未来取得的结果一样美好，也可能其中一方混得不如另一方，但是做人还是需要有骨气地活着，不能毫无尊严地谄媚和毫无底线地讨好。谄媚、奉承、虚伪、巴结，这样的人不是情商高，而是情商与智商都同时不“在线”，工作上拿不出成果，生活中也让人瞧不起。

第六章　情商是什么

世界是如此黑暗，但凡有一丝人性的光辉，人生路上，你都不至于跌得如此狼狈。

——佚名

情商是近年来心理学家提出的与智商相对应的概念。从简单的层次上下定义，提高情商的基础是培养自我意识，从而增强理解自己及表达自己的能力。哈佛大学丹尼尔·戈尔曼教授等人的研究认为，情商由5种特征构成：自我意识、控制情绪、自我激励、识别他人情绪和处理人际关系。情商是指一个人感受、理解、控制、运用和表达自己以及他人情感的能力。

（1）自我觉察能力：能够认识自身的情绪，并能在生活中利用它做出正确的决定。

（2）自我规范能力：能妥善管理自己的情绪，而不是成为它的奴隶，既不会因沮丧或焦虑而意志消沉，也不会因愤怒而丧失理智。

（3）自我激励能力：能自我激励，能在面对挫折时咬紧牙关挺住，能为了最后的目标疏导自己一时的冲动。

（4）同理心能力：能认识他人的情绪，能与别人共鸣，能真正站在别人的角度理解别人的感受，不需要告知就能读懂别人的感情。

（5）人际关系管理能力：能和谐而有技巧地处理人际关系。

笔者觉得，情商首先有一个情字在里面，不管什么阶层、什么年龄阶段都有有情感的人。一个情字过一生，一个情字会滋生出多少故事、多少离合悲欢。所以，当我们个体在职场打拼、商机捕捉、社会行走、资源对接等方面与他人竞争时，在智慧、专业经验、实践成果、社会背景等都不相上下时，有的人上去，有的人下来。人有远近，友有亲疏，亲有厚薄，对于有决定权的领导来说，在理性客观的前提下，最终倾向于自身情感上的选择。

看上级不顺眼，是自己的能力不够；看老板不顺眼，是自己的愿力不够；看同事不顺眼，是自己的格局不够；看朋友不顺眼，是自己的眼界不够；看自己不顺眼，是自己的修为不够；看别人不顺眼，是自己的修炼不够。情商就是融汇融入、共情共好。

一句话，情商就是心里实实在在地装着别人。海能卑下众水归，情商往往是决定命运的。情商是一种能力，是一种创造，是一种技巧，更是一种人生阅历的沉淀。既然是技巧就有规律可循，就能掌握，就可以熟能生巧。只要我们多点勇气，多点机智，多点磨炼，多点感情投资，我们就会像“情商高手”一样，营造一个有利于自己生存的宽松环境，建立一个属于自己的交际圈，创造一个更好发挥自己才能的空间。关于情商的林林总总，笔者会在接下来的篇章里面一一阐述详解。

如果你想在事业上有所建树，成为一名成功的领导，最重要的不是你的智商，而是你的情商；最重要的不是成为一个有号召力、令人信服的领导，而是成为一个谦虚、执着、有勇气和高情商的领导。

第二篇　职场情商

Sunshine

第一章　情商vs智商

智商琢磨事，情商琢磨人。

——佚名

智商（IQ）：主要用来评价一个人的学习能力、记忆力和创造力。智商侧重于知识、智力、教育等技术技能。

情商（EQ）：是一个人准确地表达、调整和宣泄自己情绪的能力。情商侧重于同情、激励、自控等人际关系技能。

古人说，“穷则独善其身，达则兼济天下”。独善其身需要的就是情商，兼济天下则更依赖智商。修身齐家更多靠情商，治国平天下更依赖智商。马斯洛需求金字塔也类似：生理需求、安全需求、社交需求、尊重需求、自我实现需求。安全需求与社交需求更依赖情商，自我实现需求更依赖智商。人类无时无刻不处于社会之中，必须依靠合作互助才能活下去，而认识自然与改造自然的机会相对有限得多。所以对普通人而言，改造自然的能力，远不如自我与他人相处的能力更重要。前者是生活，后者是生存。说直白点就是，我们绝大多数普通人，先得靠情商脚踏实地在人群里活下去，才能凭智商仰望星空。温柔而不刻薄地说：高情商的需求面广，而高智商的需求面比较窄。绝大部分的工作和生活用不到高智商。单从供需比例来看，情商需求大于智商。刻薄地说，因为大部分人的智商都低到无法理解高智商和低智商的区别，但是人人都能分辨高情商和低情商带来的不同。

笔者曾经深入访谈过某位杰出的企业家，他对于情商的说法不以为然，认为情商不重要。爱因斯坦、牛顿等人也是公认的低情商，但是他们的智商极高，学术研究做得很好。我们大多数人属于普通人，而大多数人的智商显然没有高到能忽视情商的地步，因此我们必须关注情商。同时，我们要把对情商的认知高效地应用到社交场景中，这样我们才能在社会生活中指导自己的行为，以及相互理解。

一个人活到三四十岁，大概对自己处于什么样的社会位置已经比较清楚了。人人都想过更好的日子，对普罗大众而言，提高情商或者提高智商，其实都是为了自己再往上冲一冲，争取更好的未来。

那么，为什么普通人更要追求情商呢？首先，智商是不是不可改变？智商虽然可以通过训练得到一定程度的提高，然而不幸的是，这个过程通常比较艰难。三四十岁的人，有工作、有家庭、有朋友，一天到晚事儿挺多的，真的能沉下心来认认真真读读书，甚至做做题，训练提高智商吗？恐怕很难，除非你本来就从事科研工作。所以，普通人就转而向高情商进发。那么，情商是不是比智商更容易提高呢？我个人觉得，情商的提高，也不是一朝一夕的事情，也是靠一点点悟、一点点试、一点点反省而得来的。真正从事需要高智商工作的人，往往不那么注意所谓的为人处世，因为他们天天都在锤炼智商，并依靠智商的提高来获取更好的生活，所以用不着追求提高情商。而其他人呢，一般来讲没有那么好的天赋条件。偏偏情商越低的人，越容易产生自己情商高的错觉，而这正是情商低的表现。

在职场中，智商有利于人们识别机会，情商有利于人们把握机会，习惯有利于人们利用好机会。智商决定录用，情商决定提升。智商高低受情商支配，情商高低受智商影响，二者是相辅相成的关系。有三个关于成功的公式可以形象地表示情商和智商的关系：

成功=20%智商+80%情商；

成功=20%知识+80%人脉；

成功=20%智力因素+80%非智力因素。

智商和情商，都是我们每个人重要的心理品质，都是我们事业成功的重要基础。正确认识这两种心理品质之间的差异和联系，有利于我们认识自身。有句话这样讲：低智商、高情商占得便宜，高智商、高情商春风得意，高智商、低情商怀才不遇，低智商、低情商处处碰壁。智商高的人，思维品质优良，学习能力强，认识更深刻，容易在某个专业领域做出杰出成就。而情商较高的人，通常有较健康的情绪，有较完美的婚姻和家庭，有良好的人际关系，具有较高的领导和管理能力。

情商和智商延展开来主要有以下六个区别：

（1）智商决定你的见识结构，情商决定你的情绪结构。

（2）智商决定你的知识结构，情商决定你的社交结构。

（3）智商决定你的文化高度，情商决定你的财富高度。

（4）智商高的人能快速提高情商，情商高的人能快速提高智商。

（5）智商高能快速帮你发现商机，情商高能快速帮你完成变现。

（6）智商可以让一个人鹤立鸡群，情商可以让一批人志同道合。

总之，情商和智商的本质区别，归根结底是琢磨事还是琢磨人的差别。智商琢磨事，情商琢磨人。如果一个真正高智商的人在你面前表现得情商很低，那只能说明你不重要，不值得他琢磨。

第二章　职场“画中画”

生存的第一定律是：没有什么比昨天的成功更危险。

——阿尔文·托夫勒（美国著名未来学家）

职场里面的那些“画中画”，就是职场套话与职场场景。

职场套话，是为了应酬而说的客气话，是非常公式化的语言，特点在于没有实际意义，或者真实的意思和字面不同，但却是人际交往必备。还有一种是笔者要重点描述的，就是说话者要表达的意思可能和说出来的内容完全相反或者大相径庭，以及在日常工作场景中，领导如何与下属沟通，下属如何与领导过招的情商实战操练。

一、职场话中话

职场历来“江湖凶险”，话中有话是最基本的游戏规则。如果不小心把老板的“不满”错解成“赞赏”，你离“全剧终”就只剩下一首片尾曲的时间。

（1）领导说：我跟你商量点事。（吃亏的事来了）

（2）领导说：你觉得某经理人怎么样？（暗示你站错队了）

（3）领导说：这件事有时间帮忙处理一下。（告诉你别磨磨蹭蹭的，马上去落实）

（4）领导说：最近怎么样？家里的情况怎么样？（最近你的工作状态不怎么样，是不是把精力都放在家庭了）

（5）领导说：这只是我个人的想法，大家有意见尽管提。（这个想法太完美了，你们应该没有意见吧）

（6）领导说：这件事情你看着办。（这么好办的事你可别办砸了）

（7）领导说：你推荐的这个同学很有性格。（这个人和我八字不合，离我远点）

（8）领导说：这件事情我们回头再说。（不重要的事情不要来打扰我）

（9）领导说：有些隐私不要给同事透露。（什么隐私都不要说）

（10）领导说：这件事原则上不可以。（如果有关系就

可以）

（11）领导说：这件事我再考虑考虑。（压根没戏）

（12）领导说：你这人真幽默。（你就是个二傻子）

（13）领导说：我们只是就事论事。（我就是针对你）

（14）领导说：你现在忙不忙？（现在立刻过来）

（15）领导说：好好干，你还是很有潜力的。（没有能力，实力不够）

（16）领导说：你工作很努力，大家都要学习。（只会苦干，不会巧干，要以结果为导向）

（17）领导说：最近上级要来检查，你知道吗？（今晚留下来加班，出了问题你就死定了）

（18）领导说：好好干，公司一定不会亏待你。（已经对你要求加薪的事情不满）

（19）领导说：本公司前景看好，年轻人发展很有空间。（本公司现在是个小公司，你进来呢，估计也是打杂的，不过从打杂开始，虽然起点低，但是发展空间很大）

（20）领导说：你很有潜力，继续努力。（个人能力还不够，需要好好努力，把个人能力提升上去）

（21）领导说：这事你看着办就行了。（这事我不会替你承担责任的）

（22）领导说：方案还可以再想想。（领导不认可这个方案）

（23）领导说：都是自己人，别客气。（礼节性客套，别真把自己不当外人）

（24）领导说：你会某某吗？（你必须会，不会马上学）

（25）领导说：这事回头再说。（此事已翻篇，请闭嘴）

（26）领导说：忙完这阵子就好了。（可以忙下一阵子了）

（27）领导说：给你一周时间。（明天给我，最迟后天）

（28）领导说：你在其他领域会有更好的发展。（公司不需要你）

（29）领导说：没事的，有话直说。（你要想好了再说，心里有点数）

（30）领导说：还不错。（算了算了，就这样吧）

（31）领导说：生病了就在家休息吧。（记得在家完成工作）

二、职场景中景

俗话说得好：职场上，你走过的路，都是套路；你看到的景，都是布景。很多职场人，碰上的老板都很有才华，说话也好听，但很多时候需要员工具备很高的情商，才能应对工作中的方方面面。

（1）为什么领导不喜欢听真话？（领导要解决方案）

（2）遇到不喜欢的领导要迎合吗？（领导是要征服的，你要展示实力给领导看，用实力征服领导）

（3）遇到偏心的领导怎么办？（做一个让领导偏心的人）

（4）怎样定位自己的优势？（比我帅的没我有钱，比我有钱的没我有才，比我有才的没有我会炒菜……）

（5）遇到垃圾领导要对着干吗？（这个世界上没有垃圾，只有放错了地方的资源，自己要去适合的地方，或把领导请到适合的地方）

（6）领导有错误如何指出？（领导不会有错误，你只能给领导提合理化建议，顾全领导的面子，让信息有效传达，帮助领导做出更好的决策）

（7）给领导订午饭不给钱怎么办？（找财务报销）

（8）忠诚在职场很傻吗？（忠诚源于判断，得出结论后才会忠诚；两眼一抹黑的忠诚只能靠运气）

（9）电梯里遇到领导怎么办？（想办法换一台电梯）

职场上大部分的事情不是非黑即白的，都是处于黑白之间的灰色地带，那么与之相对应，需要用“潜台词”或更高阶的情商来化解。如果你是职场小白，此章节就是一篇雄文；如果你是行业老手或者一家企业的领导，熟读此文后，可以持续纵横职场。

第三章　职场潜规则

人在江湖飘，哪能不挨刀。
繁华花世界，诱惑真不少。
开始不明了，有时不知道，最后才知已中招。

——佚名

金庸先生说：有人的地方就有江湖。天底下的员工，自然离不开职场这个江湖。游戏有游戏的规则，也有代练和外挂的潜规则，职场也有职场的规则和潜规则。

职场潜规则一直是饱受争议的敏感话题，那么，什么是真正的职场潜规则？如何凭借职场潜规则脱颖而出呢？潜规则，顾名思义，就是看不见的、没有明文规定的、约定俗成的，而又广泛认同、实际起作用的人们必须遵循的一种规则，就是隐藏在规则之下而又不受规则限制的事物。职场潜规则主要体现在职场的几种关系上：

（1）领导和员工。

（2）员工和员工。

（3）员工和客户。

（4）领导和客户。

本章重点描述领导与员工的职场江湖。

有人说职场里最主要的矛盾就是统治者（老板）和被统治者（员工）之间的矛盾，老板上班时在公司骂员工，员工下班回家后骂老板。其实这种现象大可不必发生，只要老板或者员工一方知晓公司的潜规则，完全可以形成其乐融融、催人奋进的工作氛围，不用互相伤害，而是一心一意把生产建设搞上去。

下面列举11条公司常见的“潜规则”供大家学习参考，这些“潜规则”的共性都与情商有关。

1. 你只有一个老板。

你只有一个老板，绝对不要“越级汇报”。不管你的叛逆精神有多强，你的人权平等意识有多强，除非你打算和老板对着干，不然，不要做这种以卵击石的事情。

2. 要学会发脾气。

真正的情商高不是不发脾气，而是合理地发脾气。会发脾气，让自己的情绪顺畅地宣泄，可以让你和世界都开心。职场是名利场，更是战场，所以你该讲究战略战术，敌进我退，敌退我进，你强他就弱，你弱他就强。归根结底，想发脾气还得自身本领硬，然后就是在合适的场合发脾气，外圆内方，就不容易被欺负了。

3. 你该对谁负责?

身为员工，你该对谁负责？你应对你的工作负责，对你的直接上司负责。但这个问题也不那么简单。如果你的直接上司能够决定你的职务和薪水，那么，他就是你的贵人。如果你的直接上司的权力并不能决定你的职务和薪水，那么你要弄明白谁是你的贵人。给他留下好印象，远比你加班苦干要有效得多。

4. 不要给对方发 60 秒的语音信息。

无论是客户、上级还是同事，永远不要给对方发长长的语音信息，如果条件允许，尽可能用文字去表达。

5. 做 100 件小事不如做一件大事。

职场人要有此时此刻非我莫属的心态。虽然都是为人民服务，为公司出力，但是你需要明白，做100件人人能做的小事，不如做一件有影响力的大事更能为自己增加晋升的机会。因为那些小事，如复印打字、端茶倒水、洗水果、递烟灰缸等琐事谁都会做，你做了，根本显示不出你的本事。只有做那些有影响力的、牵动很多人的大事情，才能凸显你的能力。老板也只有在这样的事情上，才能对你产生深刻的印象。所以，聪明的人知道自己该做什么，而不是一味地埋头苦干，然后抱怨得不到升迁。虽然小事永远是需要人来做的，但是如果你想要大发展，就必须学会舍弃那些小事，专注于更有影响力的事情。一直习惯扫屋子的人，永远扫不了天下！

6. 没有不合理的职场，只有不合理的心态。

所有认为职场不合理的人，都是失败者。而几乎所有的成功者，都觉得一切都是合理的。同样的职场，对不同人而言，就有这么大的区别。其实一切都是心态问题。失败者不能适应职场，所以把责任推卸给外部。而成功者抓住每一次机会，努力适应职场，让自己游刃有余。要想在职场成功，靠的不只是技术，更重要的是心态。没有一个迎合世界、努力改变的心态，就永远只能在自我的世界里闷闷不乐。

7. 得罪人是有成本的，尤其是平庸的人。

职场的大忌，就是被一时的情绪所控制，不由自主地得罪人。可能你觉得对方很普通，但是你想他这么普通还能留在企业，一定和企业的某个领导有千丝万缕的渊源。你自以为不用怕别人，可以随便得罪人，殊不知在这过程中，却已经付出了成本。因为职场是一个利益交换的地方，你的同事也好、上司也罢，与你都非亲非故，他们没有任何理由忍耐。当你得罪了他们，就算他们今天不给你穿小鞋，等到某天你有把柄在他们的手中，他们就必然会报复你。在风水轮流转的世界中，你能做到一辈子不犯错吗?

8. 上司不会适应你，只有你去适应上司。

失败者最喜欢推卸责任，把自己的失败归咎于环境，归咎于上司和同事，觉得全世界都对不起自己。在职场中，你权力有多大，就有多重要。一个毫无权力的人只是大海中的鱼，只有鱼去适应海洋，而没有海洋适应鱼的。你要想生存，就只有适应上司，想要反着来，除非你能爬到上司头上去。

9. 没有“复利”的工作，别做太久。

巴菲特说：全世界最厉害的力量叫作想象力，但最恐怖的力量叫作复利，复利可以让你的钱越变越多，多到你无法想象的地步。复利，甚至被认为是“世界第八大奇迹”。所谓复利，就是说这份工作做的时间越长，在业内就越有优势，一年比一年好，每年的收益都为正。同时，你进入这个行业有一定的限制，不是谁想进来就可以进来的，需要付出很大的努力，或者新来的从业者不容易对老的从业者产生冲击。

10. 分清楚“不适合”和“不行”，对自己的职业生涯负责。

当你在自己的赛道或者自己的岗位上无论怎样努力都做不出成绩的时候，你要仔细复盘、认真总结，看是你的能力不行还是这个职务不适合你，这一点非常关键。笔者原来从事财务工作就感到非常痛苦，后来转行做顾问咨询才发现之前的工作不适合自己，因为努力的程度是等同的，但是取得的成就大不相同。

11. 平台效能永远大于个人奋斗。

永远不要高估自己的能力，永远不要低估平台的价值。全国考生之所以向往北京大学、清华大学，是因为这两所大学除了拥有全国最好的教育资源，更是学生时代全国最好的资源平台，拥有顶级圈层和精英人脉。同样，大学生毕业后趋之若鹜地涌向世界500强企业，也是因为更好的平台意味着更高阶的发展机遇。

其实还有许多职场潜规则需要我们自己去观察、发现。我们熟悉潜规则，不是为了投机取巧，而是为了努力提升自己，踏实奋斗，在平凡的岗位上，付出不平凡的努力，在普通的岗位上，做出不普通的成绩。

第四章　情商经济学

> 成百上千的推销员终日奔波徘徊，疲倦困乏，颓败沮丧，只能得到微薄的薪水。为什么？因为他们永远只在想他们要吃鱼，而不认真想一想鱼爱吃什么。
>
> ——《人性的弱点》（卡耐基）

高情商的销售是成交时不狂，遭拒绝时能扛。董明珠说：“推荐好东西，不要低三下四，能成交就成交，不能成交就下一个；你若信我，三言两语就能成交；你若不信，我就是把整个华夏五千年文明给你讲一遍，你也会说，我考虑考虑。”情商经济学就是通过对潜在消费者情绪的影响，进而使消费者产生购买的决策或购买行为。

笔者经过总结提炼，得出如下经过情商加持的5个销售与购买逻辑：

一、心理账户

对于钱和资产，人们会将它们各自归类，区别对待，在头脑中为自己建立各种各样的账户，从而管理、控制自己的消费行为。这种做法经常是在不知不觉中完成的，因此人们通常感觉不到心理账户对自己的影响。但人们如何将收入和支出归类，却可以直接影响自身的消费决策。

举个例子，假设你的月薪是5000元，你应该已经计划好这5000元里面有多少钱交电话费，多少钱用于交通，多少钱用于吃饭，多少钱用于储蓄。如果你花2元钱买彩票中了5000元，你可能会请朋友吃顿大餐或者买一件渴望已久的好东西，很快把这5000元花掉。为什么会有这样的区别？这是因为，在我们心里，月薪5000元和中奖的5000元的意义是不一样的。前者代表精准预算，再花钱就意味着超支。后者是意外之财，有或没有并不影响这个月的预算。尽管二者实质上都是5000元钱，却导致我们完全不同的消费决定。

所以，在人们心中的确存在着一个个隐形账户：该在什么地方花钱，花多少钱，如何分配预算，如何管理收支，等等。当人们把一个账户里的钱花光了的时候，他们就不太可能再去动用其他账户里的资金，因为这样做就打破了账户之间的独立性和稳定性，就会让人感到不安。

你可能会发现，要说服消费者增加对某项花费的预算是很困难的，但要改变消费者对于某项花费所属账户的认识，却相对容易。换句话说，如果消费者不愿意从某一个账户里支出消费，只需要把这笔花费划归到另一个账户里，就可以影响并改变消费态度。

二、理想规划

人们在规划未来任务的完成时间时，通常会过度乐观。这种低估任务完成时间的现象，叫作理想规划。这样的理想规划在我们的生活中比比皆是，大概有52%的人从来不会完成自己的规划。

比如装修自己的新房子，和装修公司签署的合同是8个月拎包入住，实际上可能要装修16个月；自己踌躇满志地办了一张健身卡，期待一年后收获强壮或曼妙的身躯，实际上一年的时间可能只去了健身房2次；企业策划了一场月度大型促销会，预计会有200名会员参与活动并达成销售，实际上一个月下来，只有30名会员到店；想象着经过这次的医学整形，自己就会变得花容月貌，可是一次次微整后的效果还是那么不尽如人意……所以，市场上或商战中最高级别的销售永远是销售梦想。

三、自我溢价

所谓自我溢价，是指拥有一件东西会让你高估它的价值。在人们拥有一件东西之后，人们会倾向于认为自己拥有的事物比别人拥有的同样的事物更有价值。一样品牌的汽车觉得自己车的发动机比别人的好；一个小区的房子觉得自己的采光和通风比邻居家的更强；一个学校学习的小朋友，也会觉得自己家的孩子天赋异禀……

顾客不是要占便宜，而是要有一种占了便宜的感觉。一件东西究竟值多少钱，更多地取决于我们站在哪一个位置上。不用责备卖家总是索要高价，如果换作我们在他的位置上，恐怕也会和他一样。在生活中，我们也一定扮演过买家和卖家的角色，也一定曾为自己的利益而喋喋不休。经过这样的思考，我们就可以理解商家的产品为什么你觉得贵，或者卖家为什么会写上“挥泪大甩卖”，当我们越来越通达、善解人意的时候，就是我们走向成熟的开始。

四、锚定效应

锚定效应，是指当人们需要对某个事件做定量估测时，会将某些特定数值作为起始值，起始值像锚一样制约着估测值。用一句话解释就是：做决策时，很容易受到初始信息或熟悉信息的影响，并不自觉地以它们作为参考。

你去咖啡厅或者奶茶店都会被问同一个问题：要大杯还是中杯？如果你脱口而出说要小杯，店员会礼貌地回答：不好意思，没有小杯。喜欢喝咖啡的都知道，星巴克的部分门店确实只配备了中杯、大杯、超大杯三种杯型，但并不是所有店都没有小杯，只是被店员们利用锚定效应很好地藏起来了。“要中杯还是大杯？”这种先发制人的话术在不知不觉中给你设定好了“锚”，进而引导你的决策。锚定效应之所以奏效，就是因为人对直觉、参照物有依赖。

去菜市场买番茄，很多人会习惯地问一句：“番茄酸吗？”菜农很肯定地告诉顾客：“颜色青的酸，颜色红的不酸！”于是，顾客挑完付钱，满意地离去。

不一会，颜色红的番茄都卖完了，剩下的都有点青。再有顾客询问：“番茄酸吗？”菜农又是很肯定地说：“小的酸，大的不酸。”

大个的番茄也卖完了，这时又有顾客来问：“番茄酸吗？”菜农信心十足地说：“皮硬的酸，皮软的不酸！”……

在我们的认知里把番茄分成了酸和不酸两种，菜农根据剩下番茄的特征，不断地变换“锚点”，用先发制人的话术引导顾客的决策，达成购买。生活中的“锚”无处不在，引导顾客在一个参照系内做有限的比较进而做出判断，就会让顾客做出非理性的消费和决策。

产品同质化的今天，为了应对产品爆炸，很多顾客学会了在脑子里给产品和品牌进行分类。品牌要想推出一类新产品，就必须给顾客构建一个新的认知，特别是这类新产品没有参照老产品的地位和定位的情况下，否则在顾客的头脑里就没有立足之地。为顾客构建新认知，最快速的办法就是为新产品找到顾客已有认知的参照，告诉他们新产品是什么，或者告诉他们新产品不是什么。就目前来看，告诉他们产品不是什么比产品是什么要管用很多。

五、避害趋利

生活中我们常常听到的一个词是“趋利避害”，实际上，当“趋利”和“避害”同时出现时，“避害”的话术更容易打动顾客。

比如你去菜市场想买一捆新鲜的菠菜，甲摊位的老板说我家的菠菜特别好，早上新采摘的，叶子油绿油绿的，含有特别丰富的维生素C，而且价格公道。乙摊位的老板说我家的菠菜也是今早新摘的，100%没有喷洒农药，而且不含任何的防腐剂。一样的菠菜，甲老板从“趋利”讲解，乙老板从“避害”描述，作为顾客的你，在农药污染严重的今天，一定会首选“避害”而去购买乙老板的菠菜。

同样在菜市场，你想要买一块牛排，甲老板说我的牛排是日本的神户牛排，只含有15%的肥肉；乙老板说我的牛排也是日本的神户牛排，85%都是瘦肉。一样的牛排，从“趋利避害”的角度进行了不同的描述，明显乙老板的“避害”描述更能够赢得顾客的青睐。“趋利避害”告诉我们：在营销沟通的过程中，关键不在于说什么，而在于怎么说。

若想在事业上有所成就，你就要想方设法满足顾客的需要。

若想在事业上登峰造极，你就必须超越顾客的期望。

第五章　你不了解的21%

人好刚，吾以柔胜之；人用术，吾以诚感之；人使气，吾以理屈之。则天下无难处之人矣。

——《少年进德录》

热情可以传递，友谊可以传递，体谅可以传递，关爱可以传递。

一个高情商的领导或管理者，首先能对自我进行觉察与管理，其次是具备敏锐的感知力和强烈的同理心，能够觉察他人对世界的思考方式，用对方能够理解的方式表达，进而很好地理解他人当下的感受，从而说服与影响对方。一个高情商的领导或管理者，对外能够和对方达成长期愉快的合作，对内能创造一个活泼积极的企业文化和工作氛围，直接影响企业21％的收益。

蔡康永是台湾的金牌主持人，他主持的《康熙来了》每期节目都有开场白，但不难发现，每次开场他都尽量避免直白地讲“今日主题”。

记得有一期节目的主题是关于高薪工作的，他并没有开门见山地说“今晚我们谈一谈高薪工作”。试想一下，如果这样说的话，观众的兴致并不会特别高涨，因此他这样开场：“大家看一下我和小S的对面坐着的这10个年轻人，他们都是企业职员，有意思的是，他们看起来都精神饱满、活力四射，并没有被工作折磨得很惨，可是为什么他们每个月领的钱是同年龄人的6倍呢？”蔡康永认为：“如果你用呆板的方式说话，就会得到呆板的回应，而用比较有趣味、有意思的说法，就有可能得到意想不到的反应。”他用有趣的悬念来打动、吸引人，吊足了观众的胃口，让大家有兴趣继续观看这期节目。真正高情商的人，往往能把很普通的事情说得十分有意思，打动、吸引别人，甚至给别人留下深刻印象。同样，参加节目的这10个年轻人除了拼搏、进取、专业、好学等共性外，无一例外都是高情商的典范，可见情商与收益息息相关。

你身边是否有一些情商低的人，那么他们失去的就不仅仅是21%。情商低的人具有以下表现：和对方说话永远要担心冷场，担心难堪，因为他的话题永远以自我为中心；去饭店吃饭的时候会和服务员吵架，乘坐的士的时候会和司机因一两元钱的绕路费或堵车费而拌嘴；工作中从不承认自己的过失，反而指责合作伙伴无能；常常把不好的情绪发泄在别人身上，和他相处永远是如履薄冰；说话做事没有分寸，经常喜欢戳人痛处。所以，很多时候你想离开这样的人，甚至心里会有一个念头：即使让我赚钱我也不和你来往。这样的人因低情商而失去了许多潜在的商业机会，也失去了很多潜在的合作伙伴。他损失的不仅仅是21%，可能是100%。在当今时代，情商成了一项核心竞争力，变得越来越重要。

黄渤在娱乐圈中是百亿影帝。他没有颜值没有身高也没有肌肉，但是黄渤因为自己的高情商而变得很独特，树立了自己独具一格的风格，多赚了属于自己的21%。

曾有记者问黄渤：高圆圆和林志玲谁更美？黄渤的回答堪称教科书级回答："平时听到她们两个人的名字都会有眩晕感，你现在一下子说了两个人，就是重度眩晕。"黄渤为什么不直接回答"谁更美"的问题？因为任何答案都容易引发争议。所以，轻松回避就是高情商。

同样，对于陌生人，高情商就是不随便吐槽别人的一切。对于再熟悉的人，你也要记住，不要轻易谈论别人的隐私和私生活。所以，真正高情商的人不会喋喋不休，既会耐心倾听别人的话，也会谈吐得体有度，说话让人舒服。这里所说的高情商，是指站在更高的角度，清醒认识自己的位置，然后匹配合适的言行。

真正高情商的人，能够给自己增值，能够给自己的企业创造价值。记住，努力去争取人生中本该属于我们的21%。令人庆幸的是，情商不是与生俱来的，是可以后天培养的。努力培养自己的高情商，微笑面对生活中的苦难和挫折。

世界上本没有穷人，也没有富人，对待事物截然不同的心态分化出了穷人和富人。

第三篇　管理情商

Sunshine

第一章 双面老板

烦恼与欢喜，成功和失败，仅系于一念之间。

——大仲马

研究情商的课题中，职场是最主要的场景之一。所以，职场人有必要了解你的老板，了解老板们是如何认知自己的，就是在他们的心里自己是个啥样的人。

一、老板如何认知自己

多数老板回想起自己的创业历程都是泪眼婆娑，唏嘘不已，觉得自己的打拼步步惊心，为事业耗尽了全部的精力和热情，每天面临着解决不完的问题，以至于产生一个想法，绝对不让自己的子女从事自己当下的行业，能够退居二线的话赶紧退居二线，实在是操不起这个心了……

老板们比较相似的认知画风是这样的：

（1）为事业献出了自己全部的青春和热血。

（2）为企业献出了自己全部的时间和爱好。

（3）为团队献出了自己全部的心血和精力。

（4）为客户献出了自己全部的热情和服务。

共性就是大公无私，废寝忘食，兢兢业业，死而后已……基本上都是五星好评。还有一些老板的认知又向前推进了一步，想到了自己的缺点和犯下的错误，于是又有了接下来的画风：

（1）我承认我有一些缺点，不过都是为了企业。

（2）我真是太不容易了，没有人能够理解我。

（3）不能怪我发脾气，我的团队一点都不给力。

（4）老子家庭条件可以了，早就不想干了。

二、员工如何认知老板

一家企业能否取得成功，能否得到良好的声誉，完全取决于企业的老板，因为员工工作的热情度会因为老板而变化，而成为一个合格的老板的秘诀就是善待员工。但有句话叫“慈不掌兵，义不掌财”，意思是作为一个管理者要令行禁止，不能婆婆妈妈，更不能你好我好大家好，所以管理者最大的善待就是负责让团队优秀起来。

但是从员工的视角就不会这样看，他们希望天天是“躺平”的节奏，月月享受着世界500强的福利，老板一施加压力员工就会对抗、反弹或者消极怠工，这是人性使然。所以，在员工眼里，老板是掌控一切的权力欲、冷酷的大局观和工作狂的结合体，主要有以下几个画风：

（1）数据狂。

（2）毫无耐心。

（3）攻击性强。

（4）时间压力大。

（5）气场可怕。

三、知己知彼，好老板必修

员工工作起来有三个期望：

首先，希望得到公平的对待，自己的工作被认可，同时也能得到相应公平的报酬。

其次，希望能够从工作中获得成就感，为自己的团队或工作单位而感到自豪。

再次，希望能在工作过程中获得同事的友谊，有一种归属感。

好老板的最大特点就是能帮助员工清除障碍并协助员工顺利地完成工作。作为一个好老板，要尽可能做到以下四点：

1. 愿意帮助员工成长。

乔布斯说，我希望我的员工离职时带走的是脑袋而不是口袋。

大多数老板觉得没有义务帮助员工成长，如果有老板愿意去帮助员工成长，我觉得老板收获的将不仅仅是一份崇拜、信任，还有因员工能力提升带来的业绩提升，甚至能让员工一辈子感恩。笔者想起自己刚入职场的时候，如果能得到好老板的指导，我觉得我会比今天进步得更快，更加职业化。可惜自己当年情商太低，也没有人愿意指点。所以老板应该帮助员工更快地成长，给员工试错的机会，给员工出去学习的机会。如果一家公司里面只有老板最优秀，什么事情都只有老板出现才能解决问题，这是很危险的。很多时候，只有老板或者一个合伙人很厉害的公司一般都是50人以内的小公司。

2. 愿意相信员工。

你花钱招来员工，但是你不肯放权，又不相信员工做的决策，那你就不应该招中高层人员，你就适合招普通的基层员工。因为他们大多数刚入职场，什么都不懂，还很听话。但他们创造的价值肯定是不高的。如果你想提高业绩、扩大规模，就应该放手，不需要让员工事事都汇报。要相信专业的人干专业的事情，相信优秀的员工是有自驱力、责任心、荣誉感的。相信员工，不仅是相信员工的判断，而且愿意给员工犯错的机会，更相信他们在经历几个或多个项目之后，未来会创造出巨大价值。

3. 带着团队打胜仗。

打仗，打胜仗；打大仗，打大胜仗，这是有很大区别的。

作为老板，是很难当甩手掌柜的，尤其是创业初期。老板既是掌舵人，又是上阵杀敌的前锋大将军。老板只有带着员工亲自干，才能激发起员工必胜的信念，才有感召力。一个不会带员工打胜仗的老板，是不合格的，在很大程度上说明老板自己不行。

4. 和员工谈钱。

一个优秀的老板，是愿意为员工的能力、才华、潜力买单的。许多老板总是想着花更少的钱，找个既勤劳、又有钱、又忠诚的员工，但往往招来的是养老党、混吃党，因为只有这些人才想着做一天是一天。而真正对自己负责的员工，希望待遇、福利和付出是对等的，老板舍不得给钱，就聚不到人，就做不出业绩。但凡稍微有点能力，要价高的，都有市场在呼唤。真正对员工负责的老板，是让普通的员工能租得起房子、吃得饱饭，还能存点钱，优秀的员工能买得起房子，还能存点钱，特别核心的员工除了好车好房之外，还要赋予更高级的梦想。

笔者记得自己大学创业的时候，天天领着几个兄弟各个高校发传单售卖电影票。当时特别穷，连学校外面的小饭馆都吃不起。于是我领着寝室兄弟坐在饭店对面马路牙子上，看着饭店里面往来的食客，闻着菜肴的香味，我跟大家许诺，这一票赚钱了马上领大家去吃大餐。现在回想起来，真是一段激情燃烧的岁月。一晃毕业20多年了，天南地北的兄弟们，你们都还好吧？

第二章　专治各种不服

现在好像流行什么真我，但其实真我不包括你的坏。

——刘德华

本章的标题用了一句比较霸气的话：专治各种不服。意思是对于黑五类员工，领导要找出解决问题的办法，具备解决黑五类员工的能力。对于黑五类领导，员工及早远离才是对自己最好的“治疗”。

一、领导黑五类

1. 假大空型。

做事情好大喜功，能蒙就蒙。生性多疑，不相信下属。演讲能力远远大于实际工作的能力，说起来头头是道，做起来鸡飞狗跳。惯于在总结报告中将自己的成绩无限夸大，与下级争利，将下级的成果据为己有，最后蓦然回首，一个核心骨干都没有培养出来，而且忠诚追随自己的人也是一个都没有。

2. 花痴型。

色大胆小，投机取巧。有色心没色胆，心思不花在事业上，天天在办公室里面玩暧昧，兔子总吃窝边草，把内部积极工作的环境破坏殆尽，企业人员纷纷流失。生活作风与工作作风双差评，企业很难做大。

3. 变脸型。

对强者点头哈腰、阿谀奉承，对弱者龇牙咧嘴、高声狂吠。用人朝前，不用人朝后，脑门上明晃晃地写着四个大字：势利小人。

4. 黏糊型。

适用于级别不高的小领导或部门小主管。这类人喜欢无中生有、无事生非，小事变大事，大事捅破天。天天讨论的都是芝麻蒜皮的事情，东家长西家短王二麻子不洗碗，从美国拜登当选总统到楼下的外卖小哥态度不好，能给你絮絮叨叨地说上一整天，严重影响他人的工作效率和工作质量。

5. 无能型。

领导三忌之一就是德薄而位尊。一个无能的领导能把一个精英团队带成一盘散沙，原因是智商低，所以专业度低，不会研发、不会经营。同时情商低，没有领导力，没有高手追随，所以做不了管理。当智商、情商都不“在线”的时候，无能者要么不作为，要么价值观偏离，开始亲小人、远能人，企业的发展自然江河日下，岌岌可危。

二、员工黑五类

1. 小人。

小人，在中国社会生活中专指人格卑鄙的人，这类人踩着别人肩头攀高，一旦有坏事就找替死鬼来背黑锅。落井下石是他们的一贯伎俩，挑拨离间是他们渔翁得利的最佳手段。一手制造纷争事端，却把自己撇清，任由他人争斗，自己扮演和事佬，假装好人。还有一种小人员工专门靠告老东家为生，更是狼心狗肺之辈。

对付小人的办法就是恶人自有恶人磨。笔者觉得小人在某种程度上就是恶的化身，如果用善良、真诚、包容等感化不了小人的时候，你就要比小人更强悍、更可怕才可以。小人最终也是要命、要脸，如果小人发现你比他还不要命、不要脸，自然会退避三舍。佛家有菩萨心肠，也有雷霆手段，二者结合真正通透的人才能守得住美好，摆得平丑陋。

2. 城府深的人。

城府很深的人，是指那种不愿意让别人了解其心思，总是通过各种方式保护自己，深藏不露的人。这种人说话往往不着边际，对任何问题都不做明确的表示，含糊其词，顾左右而言他。和这种人打交道，常常是很难沟通的。由于很难得到他们真正的想法，所以谁也不愿意把自己的内心向他们敞开，而是有所保留，甚至对他们有所防备。城府较深的人通常有以下几种：

（1）工于心计者。这种人为了在与别人打交道时获得主动权，或者出于某种目的不愿让别人了解自己，而把自己保护起来。这种人还总希望更多地了解对方，从而在各种矛盾中周旋，使自己处于不败之地。对这种人，你应该有所防范，警惕不要为其所利用，成为他的工具，不要让他得知你的底细。

（2）屡屡受伤者。他也可能是一位曾经受过挫折、打击和伤害的人。过去的经历或者原生家庭的原因使这种人对社会、对他人有一种强烈的敌视态度，从而对自己采取更多的保护措施。对这种人，则应该坦诚相见，以诚待人。这种人并不会害人，只是习惯于防范人。

（3）故作深沉者。为了掩饰自己的无知，以未置可否的方式或含糊其词的语气与人交往，装出一副城府很深的样子。对这种人则不要有什么太高的期望，也不必要求他提供某种看法或判断，因为他本身就胸无点墨。

3. 孤僻的人。

（1）不强迫其改变，真诚相待。因为朋友和懂他的人非常少，但其实他有很强的倾诉欲，所以与他相处，最重要的是真诚相待。当他感受到你的真情实意时，会与你成为比较知心、比较铁的朋友。

（2）谨慎选择话题，多沟通，保持耐心，投其所好。观察生活中的兴趣爱好和他的底线，别越界。

（3）要暖，不要烫。性格孤僻的人一般比较敏感，不喜欢受到太多的关注，比起表达，他更喜欢倾听。所以，跟他相处不能太热情，要小火慢炖，慢慢交往。

（4）激发热情。从布置一个个独立的小任务开始，不断激发其工作的热情，使其享受胜利的快感。逐渐布置集体任务，让其开始融入，慢慢协同。

4. 心高气傲的人

（1）面子第一。心高气傲之人的显著特点就是不服输，爱面子，我们抓住其这一弱点，在适当的时候给予其荣誉，会产生很好的效果。

（2）学会拒绝。对那些胡搅蛮缠的高傲者，坚守底线，学会拒绝，不要给对方离开了他地球都不转了的感觉。

（3）树立榜样。一定要给这些人树立一个标杆，也就是让他有一个榜样去模仿，这是从根本上解决问题的方法。哪怕没有榜样，你也要主动树立一个榜样，让他知道天外有天。

5. 情商低的人。

（1）开门见山，直截了当。情商低的人，对周围的感知能力非常低，不容易理解我们的话外音。这就需要我们说话的时候，尽量不拐弯抹角，这样会省去不少麻烦。

（2）保持理智，改变自己。情商低的人不懂得察言观色，容易被负面情绪所影响，遇到不开心的事情时，下一秒立刻变脸，说话无所顾忌，经常脱口而出，于是会出现一些让人尴尬的场景，也给周围人带来很多的麻烦。短时间内改变不了对方时就改变自己，一句话，离对方远一些，再远一些。

（3）安静倾听。情商低的人有时候会说出一些令人无语的借口和谎言。这个时候，看破不要说破，只需要静静听他诉说，保持微笑即可。

鱼龙江湖，吾辈何求？

非人非物我非我，魑魅魍魉鬼见愁。

第三章　老板自观镜——完美主义

这种天下无双的完美，一定掩藏着重大的缺点，对于这么狡猾的人单看一眼是不能判断的，能够讨每个人喜欢的人是不能令人喜欢的，最大的缺点就是一点缺点也没有。

——巴尔扎克

一、老板通病之一——完美主义者

不要太完美。

太完美的人干的都是小事，成大事者不拘小节。

人是非常复杂的，是理性和情感、生理和心理、自我与社会、天使与魔鬼并存的一种高级生物。如果你是一个崇尚完美主义的老板，这里讲的是神经质完美主义，那么你和你的团队就会非常痛苦。

完美主义是一种心理现象，可以分为正常完美主义和神经质完美主义两种类型。正常完美主义者在圆满完成困难任务时可以体验到愉快感，而神经质完美主义者总是认为自己做得不够好，因而即便付出了很大的努力也无法对自己的表现感到愉快和满足，他天天愁眉不展，似乎全世界的人都欠他钱。

正常完美主义是追求成功需要的一个层面，具有积极的意义。正常完美主义是一种积极的人格品质，是一种实现高标准和努力完成任务的愿望。不仅从自己的努力中获得快乐和满足，而且有能力根据情境对自身的行为进行调节。设置过高的个人标准本身并不一定是病态的，对自己的成绩或者成就所做的自我批评的评价才是区分正常完美主义和神经质完美主义的要素。

神经质完美主义涉及严重的自我批评。神经质完美主义老板有很强的优越感，因为他们认为自己在智力和道德上的标准高于别人。这类老板相信生活是按照绝对可靠的公正和正义的机制运行的。在遇到自己的产品不行或发现自己的团队并非完美无瑕时，神经质完美主义老板将面临心理上的巨大失衡，甚至会产生心理崩溃。

二、完美主义性格的三种类型

一是“要求自我”型。给自己设下高标准，而且追求完美的动力完全是出于自己。比如晚上睡觉的时候床下的拖鞋必须摆放整齐，而且必须放在与床角垂直的位置。

二是“要求他人”型。为别人设下高标准，不允许别人犯错误，比如同事撒尿时的站姿等。

三是“被人要求”型。追求完美的动力是满足其他人的期望，总是感觉自己被期待着，时刻都保持完美。比如感觉自己时刻站在舞台的中央，感受着万丈荣光。

完美主义者对自己的要求很高，对别人的要求也不低。完美主义有四个核心特征，即注意细节，要求规矩，缺乏弹性；标准很高，注重外表的呈现，不允许犯错；自信心低落，追求秩序与整洁；自我怀疑，无法信任他人。

老板们如何摆脱完美主义的枷锁，以及给工作和生活带来的压力和阴影呢？可参考如下方法：

1. 不要追求完美。

学会接受不完美，学会适当暴露自己无关紧要的短板。过度追求完美是完美主义者典型的心理特征，如果能接受不完美的现实，不刻意追求完美，就能让自己放松，有利于克服完美主义心理。

2. 放下自尊心。

“脸皮厚吃个够，脸皮薄吃不着”，小时候每次去亲戚家之前我都用这句话给自己打气。完美主义的人自尊心脆弱，有时甚至通过苛求自己来达到自己认为较满意的结果，以此来博得他人的赞同。

3. 不要高高在上。

充分了解自我，客观公正地了解自己的优势和不足，不要自视甚高，在内心总觉得自己比别人强，所以对自己要求更高，不允许别人超过自己，事事都追求完美。别忘了，山峰之上还有星辰。

4. 学会放松，学会示弱。

完美主义的人紧张焦虑，心理之弦时刻高度紧绷。要学会放松，不要事事都高标准、严要求；要善待自我，允许自己犯错，承认自己的不完美，为自己营造宽松的心理环境。这方面要向三国时期的刘备学习，可以动不动哭上一场。

5. 改变自己的认知。

在成长的过程中，人难免会犯错误，成功是无数次失败后积累了经验、克服了困难的必然结果，做错了事没有什么，关键是失败后能总结经验教训，不犯同样的错误。

6. 健康生活。

选择自己喜欢的健身项目进行锻炼，或定期出去旅游。工作之余逃离城市，亲近自然，享受阳光，热爱生活。

总之，不要对自己过分苛刻。岂能尽如人意，但求无愧我心，不要太在意他人对自己的评价。不要为了让周围每一个人都对你满意而处处谨小慎微，你又不是人民币，做不到让所有人对你都满意。

记住，不要太完美。适当完美就好，太完美的老板招人烦。

第四章　老板自观镜——单身力

不合群的人是不是情商低?

这里有两种答案：一种是性格孤僻情商低；一种是具备单身力，知道自己想要什么，不想要什么。

——佚名

鲁迅在《春末闲谈》里面写道：猛兽总是独行，牛羊才成群结队。

蒋勋先生说：“你被孤独驱赶着去寻找远离孤独的方式时，会处于一种非常可怕的状态；因为无法和自己相处的人，也很难和别人相处，你一定要学会跟自己玩。”

所谓单身力，就是不论单身还是已婚都能保持经济独立、精神独立、思想有主见、感情不过于依赖对方，并且拥有一定自由生活的能力。

人民日报公众号曾经做过一份关于“95后”就业观的数据调查报告，在“95后”最向往的新兴职业排行中，位居榜首的，是主播和网红。和拥有传统就业观的“70后”“80后”不同，“95后”出生在个体崛起的时代，习惯独立思考，自信积极，不会被某一种关系捆绑，也不再看重所谓的“稳定”，有很强的单身力。手艺人、自由人、超级IP、“斜杠”青年等，这些人格化的标签背后，体现的是极强的个人能力。而个人能力中至关重要的一项就是单身力，这里的“单身”不是指常规意义上的单身，而是独立、独善其身、独具一格。

单身力是深度工作的标配，是独立精神的证明，更是创造力的表现。在与人相处的过程中，我们都需要独立的空间、独立的时间去独处，不应该让身边人占据我们全部的时间而忽略自己的独处能力。独处是我们能够给自己的时间礼物。独处让人思考，为自己的当前状态、为自己的前进方向留出时间思考。英国心理学家温尼科特说：完美的相处关系是“窝在爱人的怀里孤独”。电视剧《我的前半生》中贺涵说：没有任何人会成为你以为的、今生今世的避风港，只有你自己，才是自己最后的庇护所，哪怕再破败、再简陋，也好过寄人篱下。

如何拥有单身力?

不强求别人，先达到自己最好的状态，在多重身份中保持个人的独立性。

超级自律，恋爱要谈，工作要拼；务实肯干，善于死磕；敢想敢做，敢做敢当。

敢于重新洗牌，永远不缺少从头再来的勇气。多尝试新生活，做出改变，有了想法，就要付诸行动。

保持深度独立思考的能力，进行有思考的阅读，有自己的兴趣爱好，让自己没有太多时间和精力去过度敏感，不断提升自己，将未来把握在自己手中。

给自己赋能，学会表达，敢于说出自己想要的。坚持每天读书，用阅读为自己赋能。定期整理自己的房间、运动或者旅行，身体和心灵都要动起来。具备很强的自我管理能力和学习能力，持续提升自己。

有空多挣钱，没事多睡觉。用内在武装自己，用外在点缀自己，掌控生活的节奏和自我管理，让自己高度自律、自信且独立。

不追求人脉的宽度与广度，只追求人脉的深度与密度。从不迷失自我，正确对待他人的评价。

注重塑造个人品牌，具有良好的影响力；善于与其他目标个体和目标组织合作，整合运用资源。总能知道自己想要什么，不混日子，能够掌控自己的生活。

人的一生都活在各种关系中——与自己的关系，与他人的关系。你有能力处理好与自己的关系，才有能力处理好与另一个人的关系。若你没有独处的能力，就没有直达本质的深度思考，就不具备爱的能力和领导他人的能力。

记住，能一个人精彩，才能与全世界相爱。

第五章　老板自观镜——劣质勤奋

什么叫劣质勤奋？

就是你的努力毫无个性可言，也毫无价值可言。

——佚名

当你在早晨拎着煎饼果子追公交车时，别人从自家别墅的车库缓缓开出了保时捷911；当你在超市和一群老年人排队买减价鸡蛋时，别人正在米其林二星餐厅品尝日本神户的雪花牛排；当你在商场里纠结优衣库和H&M哪个品牌的服装性价比更高时，别人穿着香奈儿高定套装从你身边飘过，大大的香奈儿LOGO侧映出两个嘲讽的笑容……

我们测试一下，你是“穷忙族”吗？

（1）一周工作超过54小时，但是看不到前途。

（2）一年内未曾加薪。

（3）三年内未曾升职。

（4）薪水很低，到月底总是很艰难。

（5）积蓄少，无力置产。

（6）工资不低，但花钱很大手笔。

（7）收入不低，但内心没有安全感。

以上七项，如果你有两项或者两项以上，那么恭喜你，你是穷忙族！穷忙族的标配就是低情商。

为什么我这么努力，但生活还是如此艰难？为什么我这么勤奋，却依然和社会上绝大多数人相差不大？最终，导致越忙越累，越累越焦虑，越焦虑越忙，由此，进入了一个死循环。而在这些现象的背后，其实是高维人群所不曾告诉低维人士的真相：一个勤奋学习各种碎片式知识理论的人，未必能成功。勤奋与成功，没有正关联，勤奋就能成功一直以来都是我们的认知误区。所以，低情商的人，不会爱自己，不能够链接美好；高情商的人，会小心呵护自己的人生，让幸福降临。太多人把短暂而珍贵的一生，演绎成碌碌无为的一生。

你看起来很努力，努力到抛进人群中没人能认出你。你只是和社会上那些看起来很努力很忙的人一样，每天坚持着工作，但压根没为自己和社会创造出任何价值，你只是为了更快地度过时间，只是为了对抗个体懦弱无能的现实压力，然后，用尽一生力量，为自己营造出一个自我感觉良好的幻觉。你试图说服自己："人生也曾努力过，也曾付出过，也曾刻苦过。"低情商的冷漠和懦弱让你成了沉溺于假象的自我催眠者，用低质量的勤奋伪装自己的懒惰。"不期待成功，但愿通过努力不留遗憾。"这是低情商者普遍的心态。而这背后，本质是逃避真正的思考，逃避与周围进行深入的沟通。最终，因为缺乏合理、系统的思考，缺乏对整个人生的全局审判，缺乏高情商的加持和赋能，越忙越穷。

伯特兰·罗素说："许多人宁愿死，也不愿思考，事实上他们也确实至死都没有思考。"懂得深入思考，不仅能看到别人看不到的问题，而且能看到问题的本质，自然就能发展得更好。但是，低情商的人往往自我封闭，不想甚至不愿意去直面自己的内心，是一种潜在的自闭。

那么，什么才是深入思考呢？

苏格拉底曾经说过："所谓思考的过程，不过是提问和回答。"我们通常认为，不思考的人是没有问题可以问的，而会思考的人有问题却往往不去问他人，因为他们最终能自己解决那些问题。所以深入思考的过程，简单来说就是自问自答的过程。

那么，如何提高深入思考的能力呢？

（1）质疑是思考的第一步。

（2）保持好奇心，大量吸收信息。

（3）有强烈的保持独立思考的意识。

（4）遇事多问自己几个为什么。

（5）多从几个角度问为什么。

（6）同一件事情，多问问自己有没有更好的解决方法。

萧伯纳说："恐怕你们不常想吧。在一年中想两三次的人已经不多。我每个星期总要想一两次，所以名闻天下。"你要知道的是：一次深入的思考，胜过百次草率的行动。

对于在职场中的我们，当提到"改进工作""案例分析""总结反思"等，都需要一个重要的能力就是深入思考，只有深入思考，我们才能更快掌握做事的核心能力。

如何摆脱劣质勤奋？

除了学会深入思考，还需要掌握如下6点：

（1）清晰认识自我，知道自己的长处和短处，根据自己的实际能力，定一个切合实际的目标去执行，去坚持。

（2）多做少问。据笔者观察，周围的一些低质量的勤奋者，往往喜欢一直问，仿佛通过问就能解决一切问题。殊不知，要想有效提升自己，一定要学会自己先动手做事，到了真正不懂的时候再去提问，这个时代，最怕的就是蠢蠢欲动却一直按兵不动。

（3）模仿学习。在身边寻找一个值得学习的人作为榜样，看他是如何思考问题的，他的思维逻辑是怎么样的。向比你优秀、比你努力的人学习，你才能更好地提升自己，千万不要，用潜在的逃跑情绪把自己包裹起来。

（4）告别机械性、重复性的工作，选择有温度、有节奏的努力。低质量的勤奋者，往往做着重复的工作，这些工作没有什么营养成分，对提升自己的能力并没有多少益处。一天天持续的勤奋，并不能获得成功，有节奏、有温度的努力，才能取得成功。

（5）提高效率，费力工作不等于刻苦工作。低质量勤奋者和高质量勤奋者最大的区别就是，高质量勤奋者的效率很高，而低质量勤奋者的效率极低，低质量勤奋者做事容易拖拖拉拉。要么不做，要做就应绝对专注。

既要确保效果，又要保持体能，避免疲惫。

（6）“用以致学”比“学以致用”更重要。在输入端努力不如在输出端努力，不带着问题去努力，就是瞎忙。适合就是最好的。人天生就离平庸很近，离出色很远。不适合自己的，不要做；不能足够深入的，不要做；没想清楚的，不如不做。

总之，坚决不做劣质勤奋者。

劣质勤奋会占用我们大量的时间，让我们每天疲于奔命。失去自我时间控制的人会陷入真正的贫穷，因为，这会引发更恐慌的心理暗示，自暴自弃的情绪会与日俱增，企业根本做不起来。

精准的勤奋的前提是以高情商的通达圆融为基座，忙碌的平庸的内核对应的是低情商的冷漠与自闭。世间的成功总是来自精准的勤奋，而不是忙碌的平庸。

第六章　老板自观镜——如何掌控情绪

心理情绪就像一把双刃剑，它既能成为我们的朋友，也能成为我们的敌人。一个人如果连自己的情绪都控制不了，何以掌控自己的人生？

——理查德·怀斯曼（英国大众传播心理学教授）

如果我们将积极情绪比作飞向成功的一双翅膀，那么消极情绪则犹如一道高耸的城墙，阻碍着我们发展与成长。我们无法改变天气，但可以改变心情；我们无法改变出身，但可以改变命运；我们无法把握生命的长度，但可以驾驭生命的宽度；我们无法影响别人，但可以掌控自己。只要我们学会掌控情绪，就能远离消极情绪；只要我们学会掌控情绪，即便处于消极情绪中，也能够迅速调节心情，迅速排解烦恼。最终我们可能改变不了世界，但会把自己的一方天地建设得更加美好。

作为管理者，笔者提出了“老板自观镜”这样的观点。唐太宗李世民说：“以铜为鉴，可正衣冠；以古为鉴，可知兴替；以人为鉴，可明得失。”希望管理者能够以此为鉴，掌控好自己的情绪，让自己的企业能够长足进步和发展，多创造21%的利润。

想控制好自己的情绪，主要从以下6个方面进行修炼：

1. 幽默感。

做人要开心，人间不值得。

幽默是一种特殊的情绪表现。它是人们适应环境的工具，是人类面临困境时减轻精神压力和心理压力的方法之一。幽默可以淡化人的消极情绪，消除沮丧与痛苦。具有幽默感的人，生活充满情趣，许多看来令人痛苦、烦恼之事，他们却应付得轻松自如。用幽默来处理烦恼与矛盾，会使人感到和谐愉快，相融友好。多一点幽默感，少一点气急败坏，少一点偏执极端。

（1）自嘲。敢于自嘲，是自信的表现。一个有趣的人，往往具备幽默感，而自嘲恰恰是一种高级的幽默感，既能显得自己谦虚和蔼，又能不伤别人的自尊心。

（2）神补刀。就是别人以为这个事件或话题已经完了，最后来一个场面或一句话收尾。

（3）揭老底。开玩笑式攻击别人。这个要把握好度，需要你试探别人的底线、试探别人的笑点，然后在允许的范围内自由发挥。

（4）保持敏感。虽说幽默往往是一种临场发挥，但是平时经常观察他人与周边环境的变化也是很有帮助的，这样能给你的幽默带来一定的信息量和话题。身边比较幽默的朋友大都是善于观察、反应比较快的人，他们说的话总是含有一定的信息量以吸引你的注意力。

（5）提高笑点。看笑话和搞笑的电影，特别是你周围的人感觉搞笑的笑话和电影，平时生活中可以引用类比，但要让自己慢慢觉得这一类笑话和电影没那么好笑。这是提高自己的笑点，只有自己的笑点高了，你才能随随便便讲一些笑话让周围的人觉得搞笑，不会讲出一些没水平的冷笑话来。

林语堂先生说："那些有能力的人、聪明的人、有野心的人、傲慢的人，同时，也就是最懦弱而糊涂的人，缺乏幽默家的勇气、深刻和机巧。他们永远在处理琐碎的事情。他们并不知那些心思较旷达的幽默家更能应付伟大的事情。"

2. 增加令人愉快的生活体验。

我们为什么来到这个世界，是为了看最好看的，玩最好玩的，吃最好吃的，用最好用的。这些美好的令人感官愉悦的生活体验会极大开拓我们的视野，丰盈我们的人生。所以，仁者乐山，智者乐水，令人愉快的生活体验越多，你奋斗的动力就越足。

3. 和谐共鸣。

“伯牙善鼓琴，钟子期善听。伯牙鼓琴，志在高山，钟子期曰：‘善哉，峨峨兮若泰山！’志在流水，钟子期曰：‘善哉，洋洋兮若江河！’伯牙所念，钟子期必得之。伯牙游于泰山之阴，卒逢暴雨，止于岩下，心悲，乃援琴而鼓之。初为《霖雨》之操，更造《崩山》之音。曲每奏，钟子期辄穷其趣。伯牙乃舍琴而叹曰：‘善哉，善哉，子之听夫志，想象犹吾心也。吾于何逃声哉？’子期死，伯牙谓世再无知音，乃破琴绝弦，终身不复鼓。”

《高山流水觅知音》诗云：

势利交怀势利心，斯文谁复念知音！

伯牙不作钟期逝，千古令人说破琴。

摔碎瑶琴凤尾寒，子期不在对谁弹！

春风满面皆朋友，欲觅知音难上难。

由此可见，作为一个管理者，如果能够和被管理者和谐共鸣，设身处地站在对方的立场去思考问题，不仅可以突破思维瓶颈，还可以获得“士为知己者死”的良好管理效果。

4. 建立情绪管理工具单。

情绪控制和完成一项具体的工作是一样的，想哭时，深呼吸，想笑时，咬自己的嘴唇，这是控制情绪的普通动作分解。

要知道，情绪是不能被消除的。一个人不能否认自己情绪的存在，而要学会和这些情绪共处，即便这些情绪是自己所不想要的。为此，我们需要更多的情绪管理方法，例如，用运动、感官知觉、调整呼吸等方式来调节情绪。你可以尝试用不同的方式调节自我情绪，这样就能清楚哪些方法对你有效、哪些方法不适合你。

建议制作一张自己的“情绪管理工具单”：在纸上写下“当我____________（情绪）的时候，我会____________（健康的情绪管理方法）”。将情绪管理“工具单”贴在家中显眼的地方，或是带在身边。因为有时我们并非不清楚应该用哪些方法来进行情绪管理，只是在情绪激烈的时候，我们可能会突然忘了怎么做。比如当我愤怒的时候，要么睡觉，要么打沙袋，要么出门去跑步；当我难过的时候，会去吃美味的甜点或者泡一个热水澡等。

5. 列出利弊清单。

管理者平时要多看书，具备一定的知识面。同时多复盘，训练自己大脑的记忆力和处理问题的能力。

无论是正面的情绪还是负面的情绪，它们都在提醒我们对这件事情的真实态度，指导我们下一步的行动。但在执行之前还需要问自己：这个选择从长远来看利大于弊吗？此时，你需要思考是哪个或者哪些行为使你产生这种情绪，然后写下这个行为哪些方面让你感觉良好，或是为你带来好处，再写下该行为让你觉得不舒服的地方。有时，我们会因为过分开心或者激动而没有仔细思考，做出某些冲动的举动。而另外一些时候，我们会因为急于缓解某种负面情绪，而匆忙做出一些对自己不利的改变，因为在做很多必须完成的事时，一定的负面情绪是不可避免的。

6. 当机立断的决断力。

管理者切忌做事婆婆妈妈、拖泥带水。优秀的领导者处理事情要聚焦关键，雷厉风行；对待人要有平常心，别把对方当成大人物，坚定自己内心的立场和原则。

第七章　老板自观镜——年轻的老人们

新版凡人歌

表面风光，内心彷徨；容颜未老，心已沧桑；
成就难有，郁闷经常；偶尔得意，钱包紧张；
患得患失，暗自神伤；比骡子累，比蚂蚁忙；
常怀正义，不敢伸张；经常糊涂，被人当枪；
扪心自问，不比谁强；每天自励，逆风飞扬。

——佚名

人的一生，说短不短，说长不长。一首《新版凡人歌》说出了大多数人内心的沧桑。年轻的老人们特指“60后”“70后”和部分“80后”，因为这几个年龄段的群体集中出现了观念陈旧、话题局限等现象和家长里短、孩子补习、买菜做饭等琐碎日常。如果你是一个普通的上班族，上述现象和认为还算正常，但如果你是一个企业的负责人，身边有许多兄弟姐妹靠你吃饭，心中还有熊熊燃烧的梦想没有实现，那么你的状态就必须调整了。

年轻的老人具备四个特征：

1. 恐惧年龄增长，拒绝未知，放弃成长。

我们对年龄的恐惧，其实并不在于年龄增长所带来的苍老，而是恐惧随着年龄的增长，我们仍然一无所得。当你每天不再醉心于企业的发展、团队的成长和客户价值的提升，不再锤炼打磨自己的核心竞争力，不再思考企业未来的战略规划，而是寄情于美食、美景、美人、美物时，你就亲手放逐了自己的后半生。

2. 生理年龄年轻，心理年龄衰老。

年岁有加，并非垂老；理想丢弃，方堕暮年。年轻是一种心境，只和我们内心的情绪有关，和年龄无关。

也许你的身体还年轻，可因为环境和经历，你的心理情绪已进入老年的状态。你对于生活的考虑会偏向稳定，而不是新奇和刺激。虽然身体的力量还在，但却会感觉到自己没有抵抗风险的精力。思想逐步趋向成熟，考虑事情也习惯面面俱到，会自觉地照顾到周遭的人。独立的行为模式也很容易成为别人的依赖。然而，这种稳重的状态，会让你失去对于新事物的憧憬，面对困难缺乏勇往直前的冲劲。如果你三十而立或四十不惑，心理年龄却已经开始步入老年期，表面上看起来情商很高，与世无争，实际上情商很低，自己放逐了自己。你会重视自身的健康问题，重视生活品质，常常生出知足常乐、平安是福、健康最重要的想法。诚然，一个健康的体魄是我们前行的基础，知足常乐也未尝不是一种好的想法。但是，一旦你被自我设限，那么将会失去开创事业的动力，过早地在事业上失去竞争力，从而也就失去了在适当的年龄继续进取的空间。如果你是一家企业的领导者，毫无疑问，跟着你多年一起打拼的团队是非常不幸的。

3. 忽视自我管理，理直气壮放弃形象。

在颜值就是正义的时代，你的形象价值百万，无论男女。所以在当今社会，长得丑已经变成一种病，否则整形医院为什么叫医院呢？

事业是男人的姿色，姿色是女人的事业。

央视著名主持人倪萍曾经说："我最大的错误就是放弃了自己的形象。"大家都知道形象很重要，无论是谈生意、招募合伙人、相亲，还是面试工作，人们都会根据场合的不同，挑选不同的衣服，梳不同的发型，努力留给对方一个好印象，所以有人说好的印象是成功的一半。在留下好的印象之后，我们要做的就是为自己的形象加分，不断提升自己的形象，继续保持美好。自己就像是一个能散发不同色彩的光源，让别人不断发现自己的闪光点和优秀品质。千万不要让自己的形象减分，形象越好，在社交中就越处于有利的位置。把自己收拾一下，让全世界都多看你一眼！

经营形象是一项持久战，需要每个人用一生去奋斗。任何时候都不要放弃让自己变得越来越美好的机会，不要放弃经营自己的形象，毕竟没有人愿意通过你邋遢的外表去进一步了解你的内在。形象一改变，幸福就出现！

4. 思维层次局限，坐井观天阔。

唐代韩愈《原道》有曰："坐井而观天，曰天小者，非天小也。"爱因斯坦说过："相同层次的问题，很难靠相同层次的思考来解决。"我相信大家可能听过下面的故事。一名记者看见农村的一个正在放羊的小孩，问他："你的理想是什么？"

小孩回答："放羊！"

"羊儿喂大了干什么？"

"卖钱！"

"有了卖羊儿的钱干什么？"

"娶老婆！"

"娶老婆干什么？"

"生小孩！"

“生小孩干什么？”

“放羊！”

……

你是否有这样的困惑：

（1）生活中，你很努力地维护朋友、同事关系，但看起来还是一团糟。

（2）工作中，你竭尽全力为事业打拼，筋疲力尽，但还是毫无进展。

（3）创业时，你很努力地学习各种知识，混进各种圈层，结交八方人脉，但结果还是亏得一塌糊涂。

当你局限在同一维度层次，倾尽所有方法和资源都无法解决问题时，你需要提高思维层次，提高情商的层级，跳出现象看本质。拥有了更高的视野，解决问题也就顺势而为。就像你在山间迷雾中寻找回家的路，两眼一抹黑，你努力了很久还是原地打转，这时你只需要登上山顶、突破迷雾，就能很容易地看到回家的路。所以你需要突破局限，站在更高的维度思考问题，用更高的情商去做事，向更高段位的人学习，陪国王散步，与贵族聊天，不断提升自己，这才是问题的真正解决之道。

其实，很多时候，不是我们不想改变、不愿意改变，是不知道如何改变，不知道什么才是好的选择，或者再深刻一点，很多人到现在都不知道什么是好的、什么是坏的。所以，很多时候的改变，首先是思维的改变，思维的改变转化成行动，然后达到真正的改变。

永远不做年轻的老人！

愿你出走半生，归来仍是少年！

第八章　老板自观镜——做个沸腾蛙

被人揭下面具是一种失败，自己揭下面具却是一种胜利。

——雨果

沸腾蛙对应的是“温水煮青蛙”。

“温水煮青蛙”源于19世纪末美国康奈尔大学科学家做过的一个“水煮青蛙实验”。科学家将青蛙投入40℃的水(不是沸水)中时，青蛙因受不了突如其来的高温刺激，立即奋力从水中跳出来得以成功逃生。当科学家把青蛙先放入装着冷水的容器中，然后再缓慢加热(每分钟上升0.2℃)时，结果就不一样了。开始时，青蛙因为水温的舒适而在水中怡然自得，当温度升高，青蛙无法忍受高温想要逃生时，已经心有余而力不足了，不知不觉就被煮死在热水中。这个故事告诉人们，太舒适的环境往往蕴含着危险。习惯的生活方式，也许对你最具威胁。要改变这一切，唯有不断创新，打破旧有的模式。即使自己身处优越的环境，也要随时保持警惕，否则可能会乐极生悲，在对待对手或者有目的性地要完成某件事时，如果不掌握方法便鲁莽行事，反而不容易成功。可以先采用“温水煮青蛙”的类似方法麻痹对方或创新打破旧有的模式，这样成功率将会更高。当觉察到趋势的小改变时，就必须停下来，从不同角度进行思考，而学习和实践，是发现改变的最佳途径。

笔者在台风“烟花”来临的前2个月在杭州筹划了一场千人大会，结果没有人去关注天气的变化，会议报名当天，狂风一直吹、大雨一直下，飞机停飞，高铁停运，高速公路封闭，1000人中只有200多人来到了现场。这就是笔者公司面对这场会议和台风的时候，采取了想当然的方式，情绪张狂，结果自然不尽如人意。生于忧患，死于安乐，创业者要时刻如履薄冰，战战兢兢，做一个沸腾蛙，果断地走出心理舒适区。

心理学家研究发现，每个人都有自己习惯的一种心理模式，即所谓的“舒适区”。心理舒适区，是指人们习惯的一些心理模式，是你感到熟悉、驾轻就熟时的心理状态，如果人们的行为超出了这些模式，就会感到不安全、焦虑，甚至恐惧。生活中当我们面对新工作、新挑战时，内心会从原本熟悉、舒适的区域进入紧张、担忧甚至恐惧的压力区。哪怕你觉得有很多烦恼，哪怕你想做出另一种选择，但你可能最终还是会停滞不前，原地打转。

因为对你而言，走出舒适区是一件很痛苦的事情。就像船舶一样，停在港湾里是最安全和平静的，不用面对大风大浪。而走出舒适区，意味着你要离开这个熟悉的模式，改变与自己紧密相依的习惯，这些都会让你觉得畏惧。但造船的目的不是停泊在港湾，生而为人的目的也不是活在舒适区。

不愿意走出心理舒适区的人通常具备以下6个特征：

（1）一个人心中只有自己。

（2）不愿被打扰，不愿被驱使。

（3）不愿意和陌生人交谈。

（4）不愿意按照规定的时间做事。

（5）不理会别人的感受。

（6）对人际交往缺乏积极友善的态度。

如今“躺平文化”和“丧文化”在年轻群体中流行，像“赖床一时爽，一直赖床一直爽”“在哪里跌倒就在哪里睡一会”这样的话，是许多年轻人都非常认同的。然而，舒适区虽然可以给人带来暂时的安宁，却也会让人沉溺其中无法自拔，甚至改变人的生活态度。那么，我们应该如何走出舒适区呢？

一、以成就为驱动力，永不满足

我们之所以想要生活在舒适区，主要有两点原因：一是懒；二是对工作学习不感兴趣。因此，我们需要保持勤奋，保持热情，以结果为导向，从一个个小任务完成开始，从一个个微小胜利的取得开始，不断积小胜为大胜，不断树立赢的信心和对战斗的渴望。在这种状态下，我们才会对生活、学习、工作保持无穷的动力，才能促使自己走出舒适区，全身心投入生活、学习、工作中。

二、设定超出自己能力的目标，迎接挑战

如果你觉得工作很轻松，待在舒适区却又觉得内心极度空虚，那么你可以试着不断挑战自我，设置更高的目标，促使自己走出舒适区。如果将目标设置得太低，我们就容易失去前进的动力，从而变得颓废，待在舒适区不愿动弹。调高目标，你会发现自己其实还有无限可能，可以收获更大的人生价值，收获更多的快乐。把自己的目标与自己企业的愿景深度结合，你会发现自己前进的动力无穷如天地、不竭如江河。

三、强迫自己充电，保持紧张感，与时俱进

选择了安逸，就要接受平凡；

选择了远方，就要接受艰难。

如果你是一只被圈养的金丝雀，那你就不会为了生活而奔波，你就会躲在舒适区，浑浑噩噩度过一生。如果你一直保持“被狼追着跑”的状态，那你的生活就会一直往前走。我们必须知道，自己随时会被人超越，待在舒适区迟早会被人赶走，到时候想舒适也没办法。因此，我们要一直强迫自己充电，不断提升自己的能力，保证自己不会被这个社会淘汰。而企业老板能给员工的最好福利就是让员工有机会和最优秀的人一起工作。

四、保持乐观积极的心态，今生为一大事而来

忧郁的人像月亮，初一十五不一样；乐观的人像太阳，照到哪里哪里亮。相信自己来到人间一趟一定会发光发亮，眼前些许的成绩和日后将取得的伟大成就比起来微不足道。所以，革命尚未成功，我辈需更加努力！迷茫时，多见高人；空虚时，努力工作；麻木时，定大目标。我们平时会碰到各种难题，很多人在半途就撤退了，其实不用纠结，这是我们基因里面天生的，目的是节省更多的能量，而不是用来胡思乱想。

世界正在改变，你还没来得及奔跑，时代就已经策马扬鞭。

我们必须寻求提升，做一只沸腾蛙，勇敢走出自己的心理舒适区，觉得为时已晚的时候，恰恰是最早的时候。

情商是一种态度。

改变态度，便能改变生活。

第九章　老板的压力来源

释放所有的压力确实不好，应该要保持一定程度的紧张。

——宫崎骏

压力来自情绪，情绪来自工作和生活。领导者所面临的压力是全盘和顶层设计的压力。职位、职能与相对应的责任等同，或者说等重、等轻。在其位，负其责，这就是角色与功能的相匹配。这就需要能力与压力抗衡，只有能力大于或等于压力，才能胜任其角色。

领导者三忌：德薄而位尊，智小而谋大，力小而任重。

作为一个领导者，必须为企业所有发生的事情负责，同时也必须为企业应该发生却没有发生的事情负责。领导者常见的六大压力如下：

一、企业战略发展方向迷茫

据统计，目前我国民营经济对社会贡献了50%以上的税收，60%以上的国内生产总值，70%以上的技术创新成果，80%以上的城镇劳动就业，90%以上的企业数量。从市场环境动态分析，笔者提炼出6个关键要素：

（1）历史进程：看10年，定3年，干1年。我们做企业要非常清晰地知道历史的进程和规律到底是什么，这样才能找准方向，深度扎根，默默耕耘。

（2）行业趋势：行业的下一个浪潮是什么？也许是传统企业的转型升级，也许是人工智能的广泛应用，也许是信息数字化高速提升行业效率。知晓行业浪潮，才不至于迷失方向。

（3）国家政策：市场上有一只看得见的手和一只看不见的手。看得见的手就是国家的宏观调控，这是对未来的一种预判。投资、消费、出口是老“三驾马车”，新的“三驾马车”则是深度城市化、消费升级和“一带一路”。模仿型排浪式消费阶段基本结束，个性化多样化消费渐成主流。

（4）市场环境：新环境下的竞争对手和客户群体是什么样子的？马化腾曾经说过，他不恐惧竞争对手，他恐惧的是不了解新兴消费群体内心的想法和爱好。

（5）经济条件：新中产阶级的一亿中流，完美地实现了新消费升级。

（6）技术发展：要看有没有新技术对行业现状产生冲击。

二、企业文化建设虚空

企业文化建设是一个非常复杂的系统工程，可以说是一家企业隐形的最高管理纲领，同时又必须做到极度理想主义与极度现实主义的深度结合，所以很多企业的文化提炼容易、落地难，或者在提炼的过程中形成老板的一言堂，员工只是参与表演，根本不是在企业经营一线的土壤中生长出来的，所以特别容易虚空。

1. 明确企业使命。

赚钱固然重要，但如果你们公司以赚钱为目的，只靠业绩说话，谁的业绩第一谁就是王者，那么你们公司就是非常短视的公司。阿里巴巴是客户第一，员工第二，股东第三。股东第三就等于业绩排在第三。所以企业的使命必须宏大，必须利己、利众、利他，才能够做到使众人行，最终成就大业。

2. 共情思考，从员工角度出发。

如果你以员工为第一，那么就要让所有人感受到：公司是爱我的，我只要珍惜公司的爱，我就会幸福。如果你以股东为第一，那么就要让所有人感受到：公司只爱战神，只要我的业绩第一，我就可以得到公司的爱，得到一切机会和资源。

3. 编制企业文化手册。

编制企业文化手册的人有：老板、公司高层、核心中层、优秀员工。主要围绕以下几点：

（1）企业使命、愿景、价值观。

（2）企业提拔人才的标准。

（3）企业高压线。

（4）企业服务理念。

（5）公司基层岗位、中层岗位、高层岗位的合格、优秀的标准。

（6）公司全员汇报工作、下达计划、检查工作的正确方式。

（7）企业精神及诠释。

（8）企业文化组织建立及履职内容。

4. 企业文化组织工作内容。

（1）3个月：全员学习背诵企业文化手册。

（2）3个月：每月召开企业文化学习会，学习榜样力量。

（3）3个月：工作现场的落地，结合企业核心价值观进行考核。

（4）9个月以后，企业文化考评与每月底薪正式挂钩。

三、企业人才战略断层

企业人才战略是指从组织的战略发展目标与任务出发，认识和把握人才群体结构的变化规律，建立一个较理想的人才群体结构，更好地发挥人才群体的作用，使人才群体内各种有关因素形成最佳组合。这种最佳构成应该符合3条标准。一是职务结构：适应组织发展战略的需要，有利于形成组织的核心竞争能力；二是技术结构：能够充分发挥群体内各因素的作用，充分调动组织内各类人才的积极性；三是年龄结构：能够发挥整体效能，使人才群体共同发展。千万不要一家企业里面一眼望去都是暮气沉沉的老人，企业需要年轻新鲜的面孔不断为其注入新的活力。

四、不愿意进行高强度思考

人类为了逃避思考愿意做任何事情，有的人一辈子都没有真正进行过一次高强度的思考。如何进行深度思考，其实特别简单，首先是凡事多问一个为什么。这个世界许多事情都有它运转的机制和规律，很多人看到也就看到了，他不会去想这是怎么一回事。所有的上当受骗都是因为受害者凡事不多加思考，发现不了问题。

没有兴趣就没有问题，没有问题就没有思考，没有思考就没有答案，没有答案就没有认知，无知=贫瘠=稀缺=匮乏=困境，可以说上当受骗和贫穷的根源就是无知，无知缘于不思考，说直白点就是不动脑子。有个词儿叫“积思顿释”，意思就是有些事情你可能一时半会儿想不明白，但当你的思考积累到一定程度，突然一下就想通了。不要追求突然的顿悟，所有的开窍都是建立在前期大量思考的基础之上，这就跟种子发芽是一样的道理。

孔子说：君子求诸己，小人求诸人。唯有思考能够让我们成为君子，因为绝大多数问题，我们都可以通过自己的思考找到答案，时间长了，你也就不需要求别人了，自我认同就是这么一步一步建立起来的。所以说思考创造价值，思考带来自由。

五、跟不上知识更新迭代的速度

作为一家企业的领导者，必须客观面对自己的压力和短板，遵循市场经济规律，认知企业发展三段论（企业发展分为三个阶段：市场驱动发展阶段、领导力驱动发展阶段和创新驱动发展阶段），然后兢兢业业地经营好自己的企业。如果你跟不上知识迭代的速度，企业很快就会被淘汰。

1. 市场驱动发展。

市场本身在快速发展，企业变大。诸如智能手机产业链、医美耗材、奶茶零食等相关企业就是典型，这些行业都在快速发展。

2. 领导力驱动发展。

企业如果在管理、组织结构方面做得很好，在市场上就能够抢占更多的市场份额。这样的企业如空调行业的格力和美的，它们在行业整体市场增速放缓的情况下，通过企业内部的高效运作，抢占其他空调企业的市场份额，继续保持高速增长。

3. 创新驱动发展。

原有的市场已经稳定，企业通过开拓创新业务和服务、提供新产品，保持增长。市场竞争处于饱和的经济时代。企业需要“系统管理能力”（包括高层次的创新能力和组织架构搭建能力），打造全面“好企业”，通过战略、模式、品牌来获得市场成功，如华为、阿里巴巴等。

六、缺少行业交流，信息闭塞引发恐慌

不爱沟通交流的人最主要的原因是情商太低，放不下自己的身段，特别爱惜自己的面子和羽毛。其实，当自己一事无成的时候，自我封闭会把自己害死。多和高手过招，多和厉害的人交流，既能开阔眼界，又能看到自己的不足，还能学到新知识，何乐而不为？

越闭塞，越空虚；

越封闭，越落后。

第十章　如何提升领导力

领导力是将一个人的视野提升到更高的层次，将一个人的绩效提升到更高的水准，塑造一个超越常规局限的格局。

——彼得 ·F. 德鲁克

领导力就是影响别人、让别人跟从的能力。

领导力来自两个方面：一是职位本身赋予的能力，一是领导者个人魅力对别人的影响力。前一个方面来自职务本身，别人是被动服从；后一个方面来自自己，是下属对领导者的人格深深认同后产生的一种主动跟随行为。在“登上山峰”的课堂上，钱浅老师提出了“封闭式领导力”的概念，并进行了详细的阐述，本章节笔者尽可能从情商的角度来诠释领导力的提升。

领导不是控制，不是管理，领导就是其本身的含义——领导自己，领导你的上司，领导你的同伴，使得人们去做同样的事。那么作为一个领导者，如何提升领导力？

一、从理论层面

1. 用事业凝聚人。

领导者，往往被人们认为是有“权”之人，这是事实。但作为领导者本人，必须弄清楚自己手中的权力结构，否则，就会出现不能够正确对待权力的现象。领导科学告诉我们，领导者的权力起码由三种权力构成包括职位权、威望权和专长权，即给我的权力和我自己的权力。其中职位权是企业给你的权力，而威望权和专长权是属于你自己的权力。如何在团队中树立威望，如何在业务上不断学习和提高，真正成为知识型的领导者，要靠你自己的不断修行。

2. 用精神统领人。

企业的领导者应成为企业功率最大的发动机，是一家企业的精神支柱，要不断地去鼓舞下属的士气，要有强烈的敬业精神、开拓精神、进取精神，在关键的时刻要有献身精神。领导者要善于为下属描绘本组织的愿景，提出一个催人奋进的目标，并指引下属为之而努力，成吉思汗提出：“要让青天覆盖下的地方，都变成蒙古人放牧的草场！”

3. 用制度约束人。

一个好的领导者善于应用制度来约束人。科学的管理制度不仅能管理好自己的重要方略，也是统领下属的基本手段和措施，还是减轻领导者压力的最好办法。高情商的处理手法是用“制度无情”替代“领导无情”，以便于处理好管理中的“制度严格性”与“管理的人情味”之间的关系。

4. 用利益滋润人。

无论什么人，生存在社会上，就必然会有各种各样的需要，满足他的某种需要，就能够调动其积极性。激励的方法有多种，既不能单纯地搞精神激励，也不能单纯地搞物质激励。只有将精神激励与物质激励结合起来系统运作，双轮驱动才能收到良好的效果。

二、从逻辑层面

最优秀的领导者，在大多数员工的认知里都是坏人。

（1）脾气好的领导者看似好，其实是一种自私的表现，这样的领导者本质上不想操太多心，也不想让下属变得强大和超越他。

（2）对你严格要求的领导者，才是真正帮助你成长的好领导者。无压力不成长，使你痛苦者，必使你强大。

（3）狼在狗窝里长大，就会失去狼性。只有高温锻造，才能打出好钢。只有在激烈、残酷的竞争环境中磨炼出的团队，才能啃硬骨头。

（4）要么变成狼，要么被狼吃掉。

（5）如果你碍于情面，低目标、低要求、低标准地养了一群小绵羊和老油条，就是对下属的最大不负责，因为这只会助长他们的任性、嫉妒、懒惰和无能。

三、从方法层面

1. 领导者要学会画圈画饼画叉（见图 3–1）。

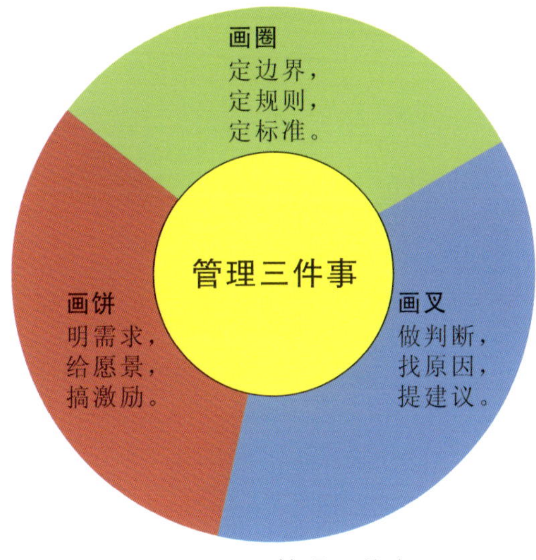

图3–1　管理三件事

2. 领导者带出“铁军”团队“五字诀”（见图 3–2）。

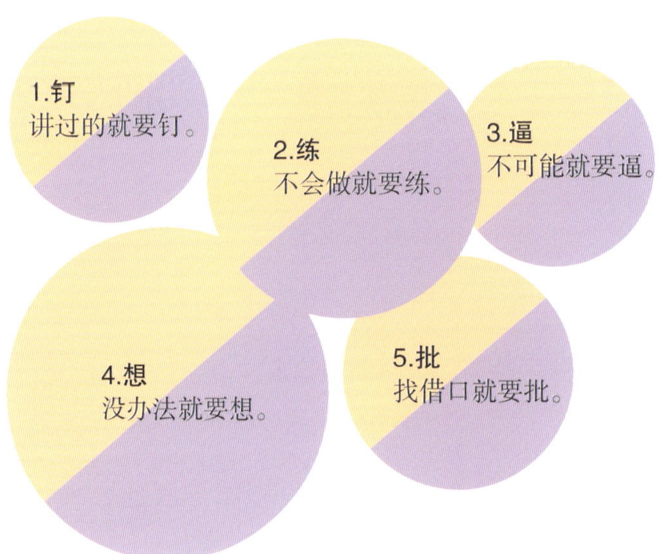

图3–2　领导者带出“铁军”团队“五字诀”

3. 领导者高情商的 10 个经典打法（见图 3–3）。

图3–3　领导者高情商的10个经典打法

历史告诉我们，要领导团队，就要走在他们的旁边。

最好的领导者，团队没注意到他们的存在。

次等好的领导者，团队尊敬与赞赏。

再次等的领导者，团队感到害怕。

更次的领导者，团队恨之。

当最好的领导者的工作完成时，团队会说："我们自己做到了。"

这是真正的领导力！

第四篇　社会情商

Sunshine

第一章　轰轰烈烈的情商

> 情商高，主要是让别人高兴；智商高，主要是让自己高兴。
>
> 智商不高情商也不高，就是自己不高兴了也不让别人高兴。
>
> ——佚名

什么是轰轰烈烈的情商？就是何时何地何事情商体现得最为明显。经过长时间的思考和总结，笔者认为在以下几个范畴，情商体现得最为明显。

一、在巨大的等级差距中体现情商

物竞天择，适者生存。现实社会的竞争都在遵从钢铁丛林法则，根本不在乎你付出多少，而只在乎你有多优秀。优秀就意味着能够成就更多人，能够获得世俗的成功，能够跃升更高的阶层，能够获取更多的财富。只要你足够优秀，就会有很多人愿意跟你交朋友。人与人之间的阶层距离越大，体现出来的情商就越高等。古代的皇帝颁布的圣旨，收到的家庭都会供奉或珍藏起来，而普通人往来的书信可能早就付之一炬了。村主任到田间地头问村民的地种得咋样，地里有没有及时浇水，秸秆有没有粉碎还田，村民会不以为然。如果换成县长来视察工作，估计村民就会严肃认真地对待了，因为县长这么忙还能来田间问寒问暖，村民激动中会有一丝感动，这就是官职差距体现出的情商给人们心理带来的影响。

二、在巨大的财富差距中体现情商

股神巴菲特自2000年起与纽约知名的牛排馆共同发起一项名为“与巴菲特共进午餐”的活动，每年进行一次拍卖，从2003年起转为网上拍卖，所得款项全部捐给美国慈善机构。“与巴菲特共进午餐”活动自举办以来，价格年年创新高，2010年以2626311美元成交，2011年，“与巴菲特共进午餐”活动再破纪录，买家在以2345678美元夺标后“意犹未尽”，自愿再多出几十万美元，将午餐价格提高到2626411美元。“与巴菲特共进午餐”慈善拍卖活动已经持续了11年，近年来，竞拍的优胜者几乎都是中国人，因为中国人更懂得饭局的作用。他们都通过共进午餐得到了巴菲特的指点，既结识了一位赫赫有名的投资大师，又通过巴菲特的穿针引线结识了更广泛的精英人群，同时顺便为自己做了一次宣传。而巴菲特通过中国人的慷慨解囊既赚到了面子也赚到了里子，八十几岁高龄的老人还亲自开车去接高瓴资本的张磊，还调侃张磊是否担心他的驾驶技术，足见其极高的情商。

三、在巨大的认知落差中体现情商

给大家举三个例子，可能多少会对一部分人产生认知落差。

（1）《每日邮报》的一则新闻报道了一家限制级网站，说在意大利因疫情封城期间，允许意大利人在家里免费浏览他们限制级网站里面的所有内容。

（2）丹麦和比利时这两个国家，出于人道主义关怀，都曾经动用纳税人的钱，以政府的名义，给本国的一些残障人士购买过性服务，因为这些残障人士没有能力自己解决欲望问题。

（3）前南斯拉夫联盟共和国总统米洛舍维奇家族有自杀的传统，意味着可以不用去面对自然的死亡。

上述的这些事情，如果发生在国内，可能会被人诟病，但从中也看到了情商的体现。

四、在感恩与敬畏中体现情商

感恩与敬畏是常见的两个词汇，也是做人最基本的道德准则。如何在感恩与敬畏中体现情商？对应下面的问题或场景，自己与自己对话即可。

（1）对最熟悉、最亲切的人，你是否仍保持尊重和耐心？

（2）吹牛到忘乎所以的时候，你控制得住吗？

（3）被人指出错误之后能否做到不狡辩，及时道歉？

（4）与你在乎的人吵架最激烈时，能让他彻底崩溃的那句话就要脱口而出，你能否忍住不说？

（5）沟通时从不问“你懂了吗”，而是说“我讲清楚了吗”。

（6）能否不去打扰别人的幸福？

（7）凡事留一线，日后好相见。

你的一生是不是也应该轰轰烈烈？

如果不去努力，你是来人间做卧底吗？

第二章　高情商人物举例

“大商人必无商人气，大文人必无文人气。大英雄或有流氓气，大流氓或有豪杰气。”

——陈传席

为了能够更好地让大家理解情商，拥抱社会，笔者在本章举了一些大家耳熟能详的人物实例，希望有助于大家更好地去驾驭情商。

一、处理人际关系的代表人物：敬爱的周恩来总理

大江歌罢掉头东，邃密群科济世穷。

面壁十年图破壁，难酬蹈海亦英雄。

新中国成立前，古耕虞是四川猪鬃出口商，人称“猪鬃大王”。新中国成立后的第三天，周恩来在中南海的家中接见了古耕虞。叙旧过后，周恩来用商量的口气对他说：“请你考虑一下，我们准备把猪鬃公司交给你全权负责，你的意见怎么样？”

接着，周恩来又诚恳地说：“抗战时，我们同你多次谈过桐油、猪鬃生意的问题。那时，我们共产党不是执政党，所以只能空口支持你，现在我们执政了，相信你一定能够把这件事情办好。”面对周恩来的充分信任，古耕虞当即表示，不辜负总理的信任，接受这个任务。但同时，他也说了自己的顾虑。周恩来认真倾听，加以解释和劝说。

傍晚时分，周恩来请古耕虞吃饭，并要他留下。周恩来处理完重要事情后已是深夜，但仍与古耕虞继续交谈，再次劝说他出任中国猪鬃公司负责人。谈话进行到第二天清晨4时。在周恩来反复劝说和真诚感召下，古耕虞接受了委托的使命。他事后说：“周总理以国士待我，我以国士报之。”

二、管理自己情绪的代表人物：《水浒传》里的宋江

暑往寒来春复秋，夕阳西下水东流。

时来富贵皆因命，运去贫穷亦有由。

事遇机关须进步，人当得意便回头。

将军战马今何在？野草闲花满地愁。

（1）李逵第一次见到宋江时，因为久慕宋江大名，就想请宋江吃饭，以表达自己的敬佩仰慕之情，可是苦于自己身上没

钱，就想跟宋江讨点钱去赌场博一把。宋江二话没说就给了李逵十两银子，旁边的戴宗阻止宋江说："哥哥不要把钱给他，他又得拿去赌。"宋江回了一句："十两银子买兄弟的一个高兴。"

（2）众人推选宋江为山寨之主时，宋江这样说道："非宋某多谦，我有三件事不如员外（卢俊义）：第一件，宋江身材黑矮，员外堂堂仪表。第二件，宋江出身小吏，犯罪在逃；员外生于富贵之家，常有豪杰之誉。第三件：宋江文不能安邦，武不能服众，手无缚鸡之力，身无寸箭之功，员外却可力敌万人。"如此一番话说得滴水不漏，虽然表面上是在夸赞卢俊义，贬低自己，不至于让卢俊义心生嫌隙，但实际上这番话更能激起同样出身寒微的英雄好汉们的同理心，让他们更加偏向自己。

三、了解自身情绪的代表人物：《西游记》里的猪八戒

混沌未分天地乱，茫茫渺渺无人见。

自从盘古破鸿蒙，开辟从兹清浊辨。

覆载群生仰至仁，发明万物皆成善。

欲知造化会元功，须看西游释厄传。

看过《西游记》的观众总在吐槽，八戒胆小无能，贪吃好色，一遇到妖怪，只会嚷嚷："大师兄，师父被妖怪抓走了！"

可能我们都忘了，猪八戒的前世可是执掌天河八万水军的天蓬元帅，实力又怎会弱呢？在高老庄时，八戒与悟空第一次交手，就大战了七八个小时。在西游世界里，能和悟空斗上这么长时间的妖怪极少，可见八戒的实力并不弱。平时不出风头，不争不抢，关键时刻也能降妖，这样的猪八戒，不仅把自己的日子过成了活神仙，更是轻松自如地在职场占据了一席之地。懂得藏拙的人，甘当绿叶托红花，不仅成全了他人，更赢得了自己的整个人生。唐僧偏爱八戒自不必说，就连悟空也在不知不觉中，对八戒更加亲近。孙悟空对猪八戒的称呼总是“八戒八戒”，而对沙僧的称呼则是“沙师弟”，简单的两个称呼，就不难看出亲疏远近之别。

四、识别他人情绪的代表人物：晚清名臣曾国藩

李鸿章曾向曾国藩举荐三个人，请他考察一下这三个人适合什么职位。不巧，曾国藩出门散步，李鸿章便令三人在门外等候。不久，曾国藩散步归来，李鸿章将来意说明，曾国藩脱口而出：“不必再看了，第一人适宜托付要事，不宜委以重任；第二人适宜交办小事，其他的不必考虑；第三人是大将之才，将来必为国之栋梁。”看到曾国藩这样就下了结论，李鸿章感到匪夷所思。曾国藩道：“我刚一进门，从他们身边走过，第一个人一直不敢抬头，不敢直视，实为一老实憨厚之人；第二人对我恭恭敬

敬，但待我走过，他便左顾右盼，实为表里不一之人；第三人自始至终站立挺拔，双眼正视前方，不卑不亢，实为难得人才。”曾国藩所说的第三人，便是后来的台湾第一任巡抚——刘铭传。

有大格局者多初看似常人，逐渐越来越见其不平常，乃至柳暗花明、显山露水；格局促狭者多初看不可一世或内心空虚，逐渐越来越见其疲敝凋败、黔驴技穷，只有残山剩水。见一叶落而知岁之将暮，睹瓶中冰而知天下之寒。从一丝一毫间，从细枝末节的情绪里，看一个人的一言一行一举一动，从而观其本心。

第三章 情商之社交距离

礼仪是聪明人想出来的与愚人保持距离的一种策略。

——爱默生

一样的风景，从高层向下看，优美如画；从二楼向下看，遍地都是垃圾。仰望星空的人总以为星星是宝石，晶莹透亮，没有什么瑕疵。而飞上火星的人知道，那儿只有灰尘、火山、狂风和雷暴。只有距离才能产生美，事物和事物之间如此，人和人之间是怎么样呢?

生活中，我们需要“拉开距离”来保持一种自我舒适的状态：在电梯中眼睛只想盯着变化的楼层数字，很不自在地盼望着自己那一层快点到来；向领导汇报工作时，如果没有一张桌子相隔会觉得头皮发麻。这些经历，都是社交距离对我们心态的影响。尤其在后疫情时代，碰手肘代替握手，合理运用社交距离，已经成为一个人懂礼节、高情商的体现。

很多时候，我们在正常的社会交往中，说某某人不知进退、没有尺度、情商低下等，是因为这个人没有把握好正确的社交距离。

人类学家爱德华·T.霍尔认为个人距离有四种基本类型，每种类型的距离又都有自己的活动和关系特征。人们选择特定的距离进行互动，不仅反映着而且塑造着人与人之间的关系。

四种个人距离分别是亲密距离、个人距离、社交距离和公众距离。

1. 亲密距离。

这是一个人与最亲近的人相处的距离，在0～45厘米之间。陌生人进入这个领域时，会使人在心理上产生强烈的排斥反应。我们看到，在拥挤的地铁或写字楼早晚高峰的电梯里，互不相识的人通常保持着直立的身躯，尽量避免与他人进行身体的接触。另外，尽管经常看到一些孩子在各种公共场合保持勾肩搭背的亲密距离，但对于成年人而言，在公共场合保持这种亲密距离是很不合适的。专家认为，亲密距离是人际交往中最为重要也最为敏感的距离，每个人都必须谨慎地把握这个距离。

2. 个人距离。

0.45～1米，人们可以在这个范围内亲切交谈，彼此都能听清楚对方的话语，又不至于侵犯对方的近身空间。一般朋友和熟人在街上相遇时，往往在这个距离内问候和交谈。

3. 社交距离。

一般在1～3.5米，其中1～2米通常是人们在社会交往中处理私人事务的距离。例如在银行取款时要输入密码，为了保护客户的机密，银行要求其他客户必须站在“一米线”之外。2～3.5米是远一些的社交距离。商务会谈通常是在这个距离内，相互之间除了语言交流，适当的目光接触也是不可少的，否则会被认为不尊重对方。在屏幕上，电视节目主持人大多是中近景（2米左右），这是为了缩短与观众的距离，因为这个景别的视觉效果是最佳的。

4. 公众距离。

一般在3.5～7米，往往是公众集会、知名人士给别人做演讲时保持的距离。超过这个距离人们就无法以正常的音量进行语言交流了。有一次笔者参加阿拉善SEE公益组织的年会，坐在第一排听著名企业家王石先生的演讲，当时王石先生距离笔者也就3

米左右，可笔者清楚地知道，要跨越这3米的距离，可能需要付出一辈子的努力。

在不同的文化背景下，人际距离的准则会有所差异，但基本规律是相同的。和喜欢的人交谈要靠得近，熟人要比生人靠得近，性格外向的人要比内向的人靠得近，女人之间比男人之间靠得近。仔细想来，在生活中，人与人之间的和谐都建立在恰当的交往距离之上，而人与人之间的某些冲突却往往是从不恰当的距离开始的。因此，在交往时恰当地运用“距离语言”，我们才能在越来越拥挤的社会里找到合适的位置，在越来越频繁的人际交往中科学地把握距离。

很要好的朋友关系被人们称作“老铁”或“闺蜜”，而人与人之间真正到了亲密无间的程度之后，又往往会滋生出许多矛盾。因此，朋友之间保持一定的距离是很有必要的，越是志趣相投的朋友越要呵护这份距离。这里所说的距离，主要指的是应有的礼貌和尊敬。获得朋友的帮助必须诚挚地表示感谢，请好朋友帮忙也一定要请客吃饭。就怕有些人混熟了丢掉了分寸感，进入了所谓不分彼此的境界。物极必反，一旦到了这种程度，因为低情商的原因，友情就会走向反面。

记住，永远别把自己不当外人。一旦到了“不把自己当外人”的时候，就自然会把一些看似小节实际上始终挺重要的问题放到无关紧要的地位，例如说话的态度和办事的方式等。这样就势必增加了误会或摩擦的可能性。

许多青年男女结婚前，一天见不到彼此，茶也不思饭也不想，三天见不到就如隔三秋，恨不得跨越大半个中国去见你。可等到结了婚，度了蜜月，不出一年关系就变了味。重要原因之一就是双方离得太近，彼此都不把对方当外人，模糊了之前彼此之间的距离和神秘感。枕边无伟人，不仅是夫妻之间，其实无论任何人之间，必要的距离都是不可缺少的。

万物之间均因距离而产生美，人与人之间的关系也是如此。同事在一起工作，最重要的核心就是全心全意地彼此协作，以高质量的标准来完成团队任务，这才是对彼此最大的尊重与认可；而不是体贴入微，充当知己和异性闺蜜。所谓嘘寒问暖、抚慰寂寞，那不是同事之间该做的事情。不做，是本分；做了，可能还会酿成暧昧等危险的因素。

总之，不同主体之间关系距离的远近因人而异，正确的社交距离就是衡量美好的标尺。

守好距离，不逾矩，就是美好。

第四章　情商之人际关系能力

我们不能把快乐全部寄托在别人身上。因为别人只能有限度地了解和帮助我们。而事实上，这个世界锦上添花的人总比雪中送炭的多。如果你表现得很坚强，别人就都来鼓励你；如果软弱，就很少有人会来扶助你了。

——罗兰

一、人际沟通技巧

在与人沟通的过程中，需要借助沟通的技巧，化解不同的见解与意见，建立共识。当共识产生后，我们的工作才会顺风顺水。在经营“人”的事业中，我们要通过把握任何一次学习的机会来提升自己。以下提供一些老板和员工通用的有效沟通行为法则：

（1）清楚地知道自己想要得到什么。

（2）用一种保护而不是破坏这种关系的方式开口索要自己想要的。

（3）当冲突发生后，协商解决双方有冲突的需求。

（4）留意并弄明白对方的需求、顾虑和愿望。

（5）用一种不会破坏关系的方式说“不”。

（6）按照自己的价值观做事。

（7）学会给别人鼓励和表扬，尽量避免批评、指责和抱怨。即便别人可能做得不好，也要看到其中他认真、努力、积极的一面，对方会感激你的。

（8）学会倾听。每个人都有表达自己想法的愿望，不妨满足他们。

（9）如果你要加入别人的交谈，先要弄清楚别人究竟在说什么。

（10）交谈之前尽量保持中立、客观。表明自己的倾向之前先要弄清楚对方真实的倾向。

（11）用对方喜欢的交往方式去和对方交往会让对方感觉到更舒服，所以平时要注意对方的社交习惯。

（12）每个人都是要面子的，即便你有把握，也不要轻易打断、纠正、补充别人的谈话。

（13）别人有困难时，主动帮助，多多鼓励。

（14）不要因为对方是亲朋好友而不注意礼节。

（15）和别人讨论他想要的，教他怎样去得到他想要的。

（16）学会真诚地赞美，始终微笑待人。

（17）学会有幽默感。

（18）脱离低级趣味，控制逆反情绪。

（19）说话的时候尽量看着对方的眼睛，不管你是在说还是在听，体现你的关注和认真。

（20）不要刻意转移话题。

（21）学会聆听对方的弦外之音，学会通过弦外之音来委婉地表达自己的意思。

（22）拜访别人一定要事先通知。

（23）尽量不在别人忙于工作或者休息的时候打扰，除非是非常紧急的事情。

（24）打电话的时候，先要问对方现在是否方便。

（25）一件事情让两个人知道就不再是秘密。

（26）你在背后说任何人的坏话迟早会传入这个人的耳朵。

（27）客观看待自己的缺点和他人的优点。

（28）牢记他人的名字。养成偶尔翻看名片簿、电话本的习惯。

（29）尝试着跟你讨厌的人交往，你会发现能够学到很多东西。

（30）尊重对方的隐私，不管是朋友还是夫妻。

二、如何提升影响力和扩大交际圈

如果想快速提升影响力和扩大个人交际圈，一定要掌握六大法则和三大定律。掌握后，即使你想低调，实力也不允许。

1. 处理人际关系的六大法则：

（1）“三礼”：礼貌、礼节、礼让。

积极、主动、热忱地对待人际交往——唯有礼貌才显尊重，唯有礼节才显修养，唯有礼让才显大气。人际交往只要做到这一条，你就成功了一半。

（2）“三回”：回应、回答、回顾。

喜欢和不同的人接触并积极回应——唯有回应才显得你真诚，唯有回答才显得你用心，唯有回顾才显得你不忘记过去。只要做到这一条，你的人缘就会越来越好。

（3）“三多”：多赞美、多表扬、多夸奖。

擅长表达善意，哪怕对方是恶意的——唯有多赞美才显得你认可，唯有多表扬才显得你大方，唯有多夸奖才显得你认同。人际交往做到这一条，大家至少不讨厌你。

（4）“三少”：少批评、少埋怨、少唠叨。

唯有少批评才显得你大度，唯有少埋怨才显得你有城府，唯有少唠叨才显得你稳重。少传播负能量，你才能成为大家心目中的可交之人。

（5）“三解”：谅解、理解、和解。

可以很快地分辨出所交往的人有什么特质——唯有相互谅解才显得你有胸怀，唯有相互理解才显得志同道合，唯有和解、宽容矛盾才得以消除。人际交往的核心是相互的理解和宽容。

（6）“三守”：遵守基本规则、遵守相互承诺、遵守人情世故。

愿意并有办法维持长时间的友谊——唯有遵守基本规则才显得你懂事，唯有遵守承诺才显得你真诚有加，唯有遵守人情世故才显得你们不是那么生疏。不破坏规则的相互守约是人际交往的本质。

2. 圈层跃升的三大定律：

（1）坚持向上定位，坚持长期主义，有具体的奋斗目标和时间节点。

（2）资产相近，智慧同频，资源对等，圈层叠加，意趣相投，家庭出身和教育经历等背景相似。

（3）最终靠的是实力而不是交际。你成功了，身边坏人就会变少；你落魄了，身边好人就会变少。

第五章　高低情商

但愿每次回忆，对生活都不感到负疚。

——郭小川

一、高低情商

高低情商包括表 4-1 所示的内容。

表 4-1　高低情商汇总

高情商	较高情商	较低情商	低情商
尊重他人的人权和人格尊严	自尊，有责任心	易受他人影响，自己的目标不明确	自我意识差
不将自己的价值观强加于人	有独立人格，但在一些情况下易受别人焦虑情绪的感染	比低情商者善于原谅，能控制大脑	无确定的目标，也不打算付诸实践
对自己有清醒的认识，能承受压力	比较自信而不自满	能应付较轻的焦虑情绪	严重依赖他人
自信而不自满	较好的人际关系	把自尊建立在他人认同的基础上	处理人际关系能力差
人际关系良好	能应对大多数的问题	缺乏坚定的自我意识	应对焦虑能力差
善于处理生活中遇到的各方面的问题		人际关系较差	生活无序
			无责任感，爱抱怨

企业管理需要各种各样的、互不相容的才能：既需要远见又需要关注细节，既需要情商又需要分析能力，既需要自信又需要自我批评。通过上述表格详细的分类，我们可以直观地看出情商高低的区别。一样的视野，一样的风景，有人看到的是满地泥泞，有人看到的却是满天繁星。有人在风雨中被淋湿，有人感知到了风雨。

在日常工作和生活中，情商也可以在常见或具体细节方面体现出来。抓住情商体现的关键时刻，了解自己。掌控高情商，做好企业，带好团队，干好本职工作，其实不难。

二、情商体现的关键时刻

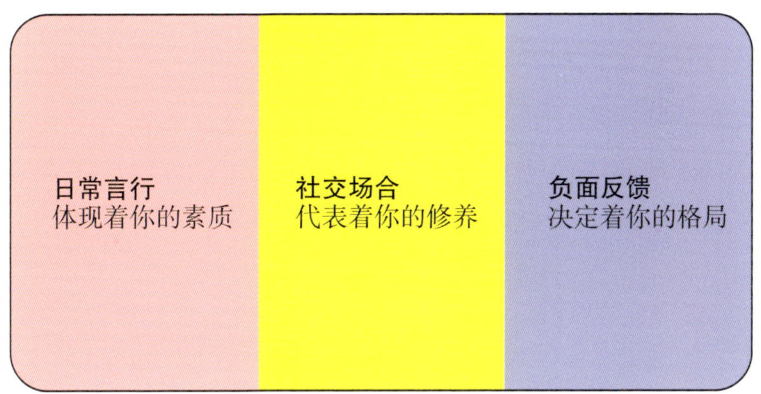

1. 情商体现的关键时刻一：日常言行——体现着你的素质。

有个朋友说话特别直，又特爱较真，言语中经常有意无意得

罪人。他总说自己是真性情，笔者认为这就是情商低的表现，不在意别人的感受就是低情商。讲话是一门艺术，在阐述同一个事实的时候，有些人说话别人容易接受，而有些人就会使别人暴跳如雷。排除故意而为之，这不单单是表达技巧问题，而是这部分人不懂得照顾他人感受，不管什么话张口就来，过嘴不过脑。

说话如此，做事亦是如此。

情商是一个人的内在修养，是由内而外，无法伪装的。古语有云，“诚意正心修身齐家治国平天下”，诚意、正心、修身排在前面，说明人对了事情才能做好。西方学者所归结出来的各种情商理论，其实就是中国人情世故经验的传承和总结。在我国，从古到今一直倡导“中庸之道”“道法自然”等，这些都是高情商的体现。

2. 情商体现的关键时刻二：社交场合——代表着你的修养。

酒局中流传着这样一个段子：叫你你不来，来了你不喝，喝完不买单，还想当大哥。在很多社交场合，确实有这样一类人，每次他们都是出尽风头，争抢表达，逻辑错峰，思维混乱，更严重的是从来不看听众的表情，别人说话又爱打断，觉得自己是十万个为什么的答案汇编。当然，我们不用去讨厌他们，但是这类人的话我们是听不进去的。观察下来，这类人一般实力不强、本事不大，实属一瓶子不满、半瓶子乱晃荡。所有人心里都清

楚，就算你是某个行业的资深老手，术业有专攻，宇宙之大总有你未涉足的领域。哪怕你是在场所有人当中资历最老、辈分最高的那一个，口若悬河的同时也应该看看周围人的反应。倘若无人在意，你的言行就成了难堪的独角戏。

“是非只为多开口，烦恼皆因强出头”，学会察言观色，学会闭嘴，也是情商高的另一个标签。人类有两只耳朵一张嘴巴就是告诉我们要多听少说。

3. 情商体现的关键时刻三：负面反馈——决定着你的格局。

负面反馈是对不理想的结果的一种表现。闻过则喜、对负面反馈持积极心态接纳的人，才是真正高情商的人。深陷于负面情绪的人，怨天尤人，是庸人。人都有荣辱之心，情商低的人在这

方面喜怒形于色，尤其遇到不顺心的事或者受到他人指责时，一张拉得长长的脸马上熏黑一整片晴朗的天空。

在任何一个社交圈都会有你看不惯或者看不惯你的人，其实这非常正常，毕竟都是凡人。但这不能成为一个人宣泄自己负面情绪的理由，情商高的人在这方面就更能克制自己，克制自己的“恼”和“怒”，并且事后总会复盘自己存在的问题。

知其荣，守其辱，为天下谷。

管理是一生的日常，成事是一生的修行。

[第五篇　觉者情商修炼]

Sunshine

第一章　情商的四个维度

人生就是道场，活着就是一种修行。你把内心修炼成什么样，你就会拥有怎样的人生。换言之，你的情商基因中维度的高低，将直接决定你最后的人生状态。

——佚名

“你见过的情商最高的行为是怎样的？”

——“无缘大慈，同体大悲。”“青山一道同云雨，明月何曾是两乡。”

“你见过的情商较高的行为是怎样的？”

——“即使是对最熟悉、最亲切的人，仍然保持尊重和耐心。”

“你见过的情商一般的行为是怎样的？”

——“我就是我，不一样的烟火。”“在哪里跌倒，就在哪里睡一会。”

“你见过的情商最低的行为是怎样？”

——“即使对最陌生、最无关的人，仍然过分在意其怎么看自己。”

总之，要成功，就必须让自己拥有高情商，成为能够掌控自己情绪和他人情绪的人，就必须深入理解情商的四个维度，并在实践中不断总结，在总结之后应用于实践。

情商有四个维度。

1. 第一维度：情商是消解自身的负面情绪、调度他人的情感，为自己服务。

“广结善缘”“吃亏是福”“与而不取或少取”“以无私成其私”，这些我们耳熟能详、劝人一心向善的话语，其背后就是情商在明智地谋取个人利益上的运用。当你以利他之心去为人处世的时候，你就会发现一个朴素的道理：你帮助的人越多，成就的人越多，反哺自身的价值就越大。予人玫瑰，手留余香。

2. 第二维度：情商是消解自身的负面情绪、调度他人的情感，为人和人之间的和谐关系服务。

由于社会大分工的关系，人不能孤独地活着，必须服务于社会。从价值层面来说，人的价值高于物的价值，共同价值高于个人价值。从社会层面来看，马克思有言，“人的本质在其现实性上是一切社会关系的总和”。关系的本质就是和谐，不和谐就无关系，只会造成关系的最终破裂。所以，构建和谐社会是社会主义核心价值观的重要内涵之一。

3. 第三维度：情商是消解自身的负面情绪、调度他人的情感，为政治组织或经济组织服务。

譬如国家是最高的政治组织，国家需要国民向它投入情感，需要国民的热爱和忠诚。“苟利国家生死以，岂因祸福避趋之”“天下兴亡，匹夫有责”，盛世不怠，奋发图强，史鉴兴邦，爱我中华。诸如世界500强之类的经济组织都特别强调企业文化，其实就是在强调价值观念认同和组织认同，勠力同心推动企业的发展。

4. 第四维度：情商是消解自身的负面情绪、调度他人的情感，为人类总体服务。

大凡高级形态的宗教，都在这一境界中，无论其具体教义如何，都以教化人心境平和、追求终极关怀为宗旨。其中佛教的代表人物星云大师提出了“五和”的观点：

一是自心喜悦。自己的心里要喜悦、和平。

二是家庭和顺。一个家里有父母、兄弟、姐妹、儿女，大家要和顺，如果你看不起我，我也不欢喜你，这个家，有什么温暖？有什么快乐？

三是人我和敬。两个人不是对立，你和我是“你中有我，我中有你”，大家要和气一团，互相尊敬，互相包容。

四是社会和谐。不分男女老少、各行各业，大家都守道德、守法治，互相给予欢喜，给予希望。

五是世界和平。现在倡导世界和平的人很多，但是你要有步骤，不能凭空说世界和平，哪有那么容易？从自己先欢喜、快乐开始，慢慢推广到世界大众。

第二章　情商的五个层次

如果是怨天怨地的事，就要趁早放弃。因为天和地，是我们依傍的对象，不可怨，只可尊崇。我这里说的天和地，统指那些不能改变的东西。对此，第一层次是接受，第二层次是感恩。如果怨，就是恩将仇报。

——毕淑敏

情商从低到高可分为五个层次（见图5-1）。

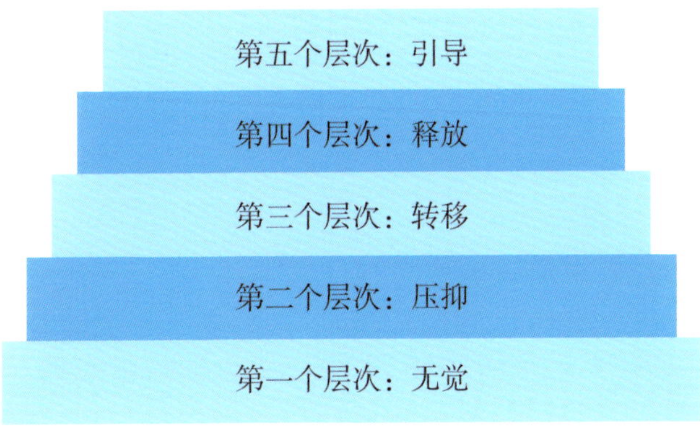

图5-1　情商的五个层次

第一个层次：无觉。

此无觉并非是无知者无畏、初生牛犊不怕虎，而是完全局限于自身片面的觉知，被自己的觉知盲区包围。在盲区中，死循环，突破盲区的觉知被极大限制，只能放任自己不合理的情绪宣泄。

表现为：

儿童得不到自己心爱的玩具就会大声地哭泣甚至满地打滚；地铁上有人挤到了自己就破口大骂；路怒症，感觉有司机别了自己的车就大发雷霆，甚至在公路上上演全武行；领导看到下属工作推进不力，或是管理者看到员工业绩不佳，项目成员看到别的同事不配合，只会发脾气，却不提供任何实质性的帮助；拼命延长眼前肤浅的快乐，比如喜欢喝酒就天天醉生梦死，喜欢赌局就天天流连牌桌，喜欢美色就天天泡夜店……到头来都是麻木了精神、掏空了身体、败光了钱财，最后乐极生悲。

第二个层次：压抑。

压抑表现为无法突破情绪盲区，但是在现实压力下，不得不控制自己的外在表现。

表现为：

（1）讨好型。永远都压抑自己的情绪，非常害怕和人发生任何冲突。自己的事情不重要，永远把他人的事情放在第一位，对别人的反应很敏感，每天活得很累。

（2）极端型。情绪处于可控与不可控的游离状态，极度自负又极度自卑，有时讨好，有时对立，有时愤不作声，内心怒火熊熊。表现为：滔滔不绝地向他人展示自己的口才和才华，不断地检查门锁、开关，总怀疑别人的动机、诚意、好心。时常幻听，总是觉得有人在给自己打电话。

在商务和政治谈判中，有意识地压抑自己的情绪，是必需的。发脾气不能解决任何问题，反而会拖延或恶化问题。当你学会了有意识地压抑自己的情绪，不被对方轻易看穿自己的底牌时，你才能真正对家庭关系、社会人际关系有一定的掌控能力。

第三个层次：转移。

意识到自己的认知误区，但是，不清楚问题出在哪里，也不愿意去深挖自己的问题。情急之下，就会寻找替罪羊，进行情绪转移，达到祸水东引的目的。

表现为：

（1）换位思考，让自己接受不愿意接受的结果，从而平和自己的情绪。

（2）偷换概念，让相同的语句，在不同的语境下改变意义，模糊责任，进而平衡自己的心态，类似于阿Q的精神胜利法。

（3）抱大腿，自己的内心不笃定，相同的问题，倾向于找更高一级的人的例子来证明自己是对的。

（4）转移风向，停止对自己不利的话题，暗度陈仓转到其他话题。

（5）死道友莫死贫道，实在不行，找个更弱的可操控的对象，将嘲讽或痛苦转嫁过去。

第四个层次：释放。

明确知道自己认识上的短板和盲点，并且有将短板和盲点逐步清除的有效方法。对自己、他人、人生和世界有相对明确的判断和认知。有自己的思考和规划，在面对各种突如其来的境况或变故时，能够按照自己的方式妥善解决问题。

对成年人来说，压抑是美德，发泄是过错。

学会在适当的时候适当地发泄情绪，是很难的一件事情。发泄的时机和程度，需要微妙地把握。欢乐的时候尽情地笑，悲伤的时候尽情地哭，对我们来说似乎挺难为情的。但我们应该学会对抗社会长期以来给我们的压力，学会和自己和解，学会适当地发泄。

在职场上，要学会表达情绪，甚至发脾气，否则领导会认为你没有硬度，不敢承担。一个永远和气友善、不和人起冲突的员工，是不可能进步的。不会表达情绪的员工，比会表达情绪的员工级别更低，薪水更可怜，拿到的各种奖金和荣誉更少。在社交场合，更要学会有意识地发泄，很多时候甚至要假装很生气。不会生气的人，谈判能力是非常差的。每一个谈判高手，都是一个会生气的好演员。

第五个层次：引导。

对人生有清晰、透彻的认识，能引导自己和别人发现盲点，共同趋向好的心情和态度。情商最高的人，不光对自己的情绪收放自如，还能对别人的情绪施加影响。情商高手激发的未必是让你舒服的情绪，有可能是让你愤怒、伤心、恐惧、好胜等。乔布斯或埃隆·马斯克等商业领袖都是这样的人，他们对人性有深刻的洞察，并且有强烈的感染能力。这种人往往不是在私人交往中让人感觉很舒服的人，但是，他们是最善于利用你的情绪达到目的的人。这是企业家和管理者要学习的对象。因势利导者也会取得世俗的巨大成功，他们往往会成为宗教领袖、政治家、顶级的企业家和金牌的销售大师。

总之，做人要降低一个层次，做事要提高一个层次。

第三章 性格情商

你认为自己是什么样的人，你就是什么样的人。

——佚名

心理学一般把性格定义为：性格是在生活过程中形成的对现实的稳定态度以及与之相适应的习惯化的行为方式。我们每个人的性格形成都经历了日积月累的过程，没有谁的性格是与生俱来的。良好性格的形成和改变，是一个渐进的过程，不能操之过急。应从大处着眼，小处着手，在日常行为中培养好习惯，在好习惯中巩固好性格。忽视平时良好习惯的养成而想拥有良好的性格，无异于在空中建造楼阁。一个人的成功，离不开良好的性格。巨大的成功，需要高情商去链接高阶的圈层和顶级的人脉。

古希腊大夫希波克拉底将人分为多血质、胆汁质、黏液质和抑郁质四种气质类型（见图5-2）。每个人都不单纯地属于某种气质类型，而应该是多种气质类型的混合。

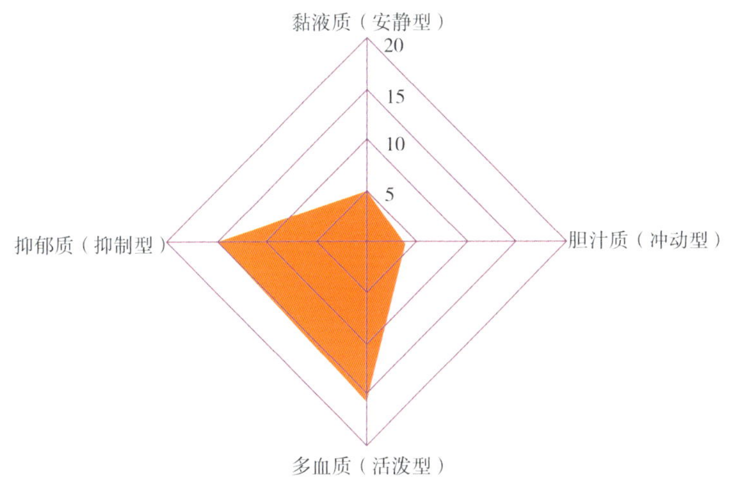

图5-2　人的四种气质类型

1. 多血质——外向稳定（活泼型）。

多血质的人情绪容易产生也容易变化、消失，容易外露，体验也不深刻。容易形成有朝气、热情、活泼、爱交际、有同情心、思想灵活等品质，也容易出现变化无常、粗枝大叶、浮躁、缺乏一贯性等特点。

多血质典型的代表人物就是王熙凤。王熙凤的性格特点最典型的就是热爱交际，能说会道，反应迅速，活泼好动，类似的人物还有曹操、贾宝玉等。这类人活泼、好动、敏感、反应迅速、喜欢与人交往、注意力容易转移、兴趣和情感易变换等，适宜做要求反应迅速而灵活的工作。因此，在职场上对于这类人就是要安排较多的任务。

多血质的人充满自信，有较强的活动能力，喜欢体验和锻炼，对所有的职业都具有适应性。他们重大局、不贪小利、不感情用事，这是多血质的人的长处，适应的职业如政治家、外交家、商人、律师等。在商业活动中，多血质的人比其他气质类型的人钻研得更深入，他们能使工作向前推进，因而他们可以出色地胜任管理工作。要是再有一个好助手，他们就可以成为一个成功的管理者。

多血质的人对于新环境适应能力较强。他们对谁都能坦诚相待，能适应社会的进步，以发展的眼光进行谋划、设计。因此，他们对经商、策划、广告一类职业的适应性很强。精力充沛、意志坚定、不达目的不罢休的多血质的人，往往能在那些缺乏适应性就无法立足的领域大显身手。多血质的人对所有职业都有很强的适应性，无论哪一门类的工作，他们都可以胜任。而且，多血质的人很快就可以成为团体中独当一面的人物。

2. 胆汁质——外向不稳定（冲动型）。

胆汁质的人情感外露，情绪表达激烈，但持续时间不长，通常不会长久记恨于心。

胆汁质的典型代表人物是电视剧《亮剑》里面的李云龙。李云龙的性格特点就是典型的胆汁质的气质类型特点，比如直率热情、精力旺盛、好冲动、脾气暴躁。与李云龙类似的胆汁质代表人物还有李逵、樊哙等。

在职场和胆汁质的人交往要有耐性和包容心，要认识到胆汁质的人做的一些事情其实并非出于本意，有可能是他善意的想法却做得过火而伤害到他人。在对胆汁质的人提意见时应该有耐心，慢慢开导，不要过于严厉，要不可能会适得其反。与胆汁质的人交往要让他有新鲜感，这样才能让他有动力做事情。总之，在与胆汁质的人交往的过程中，要善于观察，要有耐性。

胆汁质的人相信实实在在的事物，不相信虚的东西，这是胆汁质的特点。胆汁质最大的气质特点是外向性、行动性和直觉性，对周围发生的事冷静注视，以旁观者的态度对待。在现代职场中，胆汁质的人比较适宜从事记者、作家、实业家、外勤人员、业务员、营销员等外向型的职业。胆汁质的人一般来说与细致性的工作无缘。当然，他们中的一部分人不拘于眼前的胜负，而专注于行动，热情地向自己的权限挑战，这就是他们的特征。胆汁质的人一旦就业，往往对本职工作不那么专注，喜欢跳槽，经常更换工作单位，渴望成为自由职业者。

3. 黏液质——内向稳定（安静型）。

黏液质的人情绪不易外露，注意力集中而不容易转移，外部动作少且缓慢。

黏液质的典型代表人物是林冲，像林冲这种黏液质的人的气质类型特点有：安静稳重，反应性低，有些死板，缺乏生气。其他代表人物如数学家陈景润、北大“韦神”等。

黏液质的人反应性低，在工作中要给他们足够的时间思考。黏液质的人是少数派，他们的很多气质特点是在多数派的包围中培养起来的。黏液质的人稳重、沉默，在他们面前要注意做事细致，让他们认为我们是靠谱的人，沉稳就可以收获他们的信任，也适当让他们感到身边的美好。

黏液质的出色之处是他们中的大多数人都能很好地利用协调性、积极性、社会性及感情稳定性表现自己的才能，发挥出卓越的能力；而且不论职位高低，都能在各自的岗位上发挥重要作用。黏液质的人聪明，有较强的能力，处世精明，有出类拔萃的情报搜集能力。他们不仅能从事学术、教育、研究、医师等内向型的职业，而且也可以活跃在政治家、外交官、商人、律师等外向型职业领域。在他们当中，以独特才能驰骋在作家、漫画家、艺术家以及服装设计、广告宣传、新闻报道领域的人也不少。

4. 抑郁质——内向不稳定（抑制型）。

抑郁质的人情绪感受力强，持续时间长，对环境和心境变化敏感，内心体验深刻。

抑郁质的典型代表人物是林黛玉。抑郁质的特点是多愁善感、反应迟缓、适应能力差、容易疲劳。面对抑郁质的人，要给予足够的耐心，给予对方更多的关心。抑郁质的人喜欢诗情画意的美好，容易多愁善感和敏感多疑。和他们交往就要足够细心，了解他们的真正需求，交流中要注意不要伤害他们的感情，多为他们着想，学会共情。欣赏他们的独特言行，可能他们会给你惊喜。

抑郁质的人内心有孤独倾向，遇事不是单凭聪明去处理事情，而是把自己所掌握的工作内容在头脑中进行组合、计算，确定方针，然后在这个范围内一个一个地去做，把问题处理好。抑郁质的人在团体中遇事积极认真、努力向上、毫不懈怠，喜欢与团体在一起，富有协调精神。无论置身于什么样的岗位，抑郁质的人只要肩负了责任，就以所从事的工作为荣，努力解决困难，这是抑郁质的人的长处。他们做一般的事务管理人员、记账、统计、工资管理、教育培训等工作比较容易成功。

行为养成习惯，习惯形成性格。

性格决定情商，情商影响命运。

第四章　了解自身情绪

在流动与变化万千的世界中，发现自己是谁，了解自己要成为什么模样是建立尊严的基础。

——李嘉诚

一、情绪如何产生

我们先做一个场景测试练习：

你来到了“登上山峰”学院开课所在的酒店，住进预订的酒店房间后，你轻松地舒了一口气，打开窗户时，试想你会看到什么样的景色？

（1）看见酒店的游泳池和人群。

（2）看到海边，还可以看见海边玩耍的人们。

（3）看见远方海天相接的地方有一座海岛。

（4）看见窗外是宽大的阳台，上面种着五颜六色的花草。

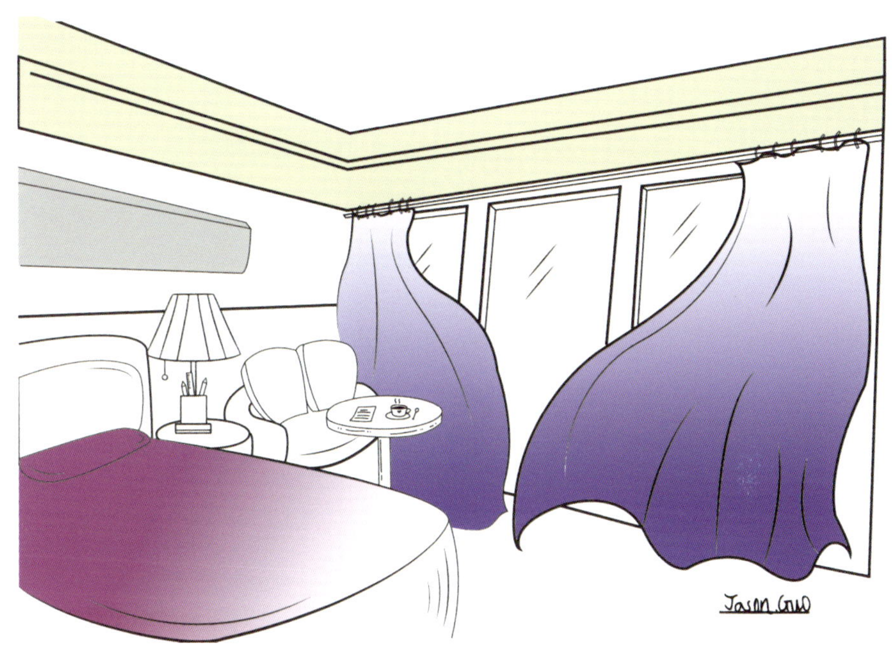

答案中看到东西的距离感，表示你对未来的展望。

选1是有点消极型，酒店的游泳池一般都靠近窗边，距离不远。

选2是积极型，说明你认为自己的未来很乐观。

选3是超积极型，看这么远的距离，说明你对未来的展望很高。

选4是超消极型，看到这么近的东西，说明你对自己的未来有点悲观。

在进行情绪管理之前，我们先来搞清楚情绪是怎样产生的，它产生的因素都有哪些，情绪给我们带来了哪些变化。情绪产生的理论较多，为方便理解，此处只列举阿诺德评价理论：生活事件发生和环境变化后产生的信息被视觉、听觉等感官器官所收集，然后反馈到信息中转器官丘脑，丘脑整理后再传递给大脑皮层，大脑皮层收到信息后会进行判断和评估再反馈给丘脑系统，丘脑系统再下达给交感神经之后产生情绪或者生理反应，诸如呼吸困难、心跳加快、出汗等。在这个流程中，我们能发现情绪产生的关键过程就是大脑皮层对事件信息的评估和反馈。是什么影响着大脑皮层对事件信息的评估和反馈呢？是人的认知，即对这个信息的理解和认识。

情绪什么时候会产生？

我们感知到影响自己生活的重大事件正在或者将要发生，思考后对事情进行评价：细微迹象，潜意识的察觉；通过想象、记忆，让某种情景在脑海中重现；目睹别人的情绪反应，体验到他人的情绪，接收到带有情绪的语言、文字、故事、经历的信息时，情绪会让我们忘记自己所学的知识，会改变我们看待世界和判断他人行为的方式，会让我们进入一种信息封闭的不反应期，也就是常说的一个人处于情绪化中。在不反应期，我们会专注于解决情绪产生的原因而忽视周围的环境变化和自己的知识经历。

当我们处于情绪化时，我们的注意力会全部集中在引起我们情绪的未达成目标，人会退变到原始的状态，忘记自己的所学、社会的教化以及自身的技能，被情绪的特点所摆布。

当人们有尚未化解的、尚未彻底表达出来的情绪，或者表露过但没有达到预期效果时，就会出现过去情景的再现，并将某种情绪投射到当前的人身上。这些片段会扭曲现实情况，引发不适的情绪化反应，并且延长不反应期。所以很多时候我们会情不自禁地被勾起回忆，会在回忆中感知幸福、烦恼、喜悦和痛苦。

情绪产生的时间非常短暂，甚至在几毫秒之间；情绪持续的时间也十分短暂，在5～15秒。你可能就会问了：为什么有些人的情绪可以持续几天甚至更长时间？这就是情绪的另一个作用，它在极端高涨的时候会改变人的认知，并且情绪不是单一出现的，往往交替或者混合出现。

总之，情绪是在特定环境下大脑根据经历、记忆对情况的判断，并且情绪有一定的封闭意识、阻塞信息的作用。知道情绪的产生方式有利于有效地利用我们的情绪，演员在表演的时候大部分通过回忆自身经历来调动感情，也通过自己表演的张力调动观众的情绪。像张子枫在电影《中国医生》的表演：三秒落泪，左眼哀伤、右眼恐惧的一分钟镜头，瞬间击溃了大众的泪腺，达到了最大限度的共情。

二、了解情绪的来龙去脉和情绪的发展趋势

我们了解情绪的来龙去脉以后，将其整理成一个系统的逻辑如下：

（1）看清触发事件（究竟什么原因）。

（2）了解自己的看法或想法（看法或想法越复杂，情绪就越复杂）。

（3）知道自己的感受（生理与心理上的感受）。

（4）留意自己的行动（觉察自己是否冲动）。

为了让大家更好地了解自己的情绪，笔者用一个事例进行表述：周末的一个黄昏，吃过晚餐的你正在街边惬意地散步，突然一条土狗狂吠着向你冲过来，你急忙躲闪，然后跑进了路边的商店。

我们解析一下这个事件：触发事件是一条狗突然要咬人，自己的想法是躲闪或对抗，感受是神经紧张，瞬间肌肉紧绷、手心出汗，女生可能伴随尖叫或大喊。行动上迅速地躲闪或对抗，这就是情绪产生的一个完整的过程。

悲伤中疲惫、脆弱、敏感，愤怒中破坏力惊人，恐惧中退缩、僵化，喜悦中盲目兴奋。每一种情绪的特点都会让我们进入

一种半封闭状态，不会思考、逻辑分析、决策等。通俗地说，情绪一上来就会冲动，一冲动就会变傻，然后就不计后果，爱咋咋的，最后的下场要么自我封闭，要么追悔莫及。

了解情绪，控制情绪。一念天堂，一念地狱。

善恶只在一念之间，悲欢、贫富亦复如此。

第五章　自我关注

认识你自己！

——希腊圣城德尔斐神殿上的箴言

自我关注是指对自己的外在和内心有意识地注意，并通过注意调整自己与外部环境不相适应的行为。

人类有五种主要情绪：愤怒、伤心、恐惧、喜悦、幸福。

想法和情绪都不是事实，只有行为是事实。通过自我关注可以有效识别上述情绪进而指导自身的行为。

从小到大，我们一直是在关注下生活的，容貌、身高、体重、成绩、行为、思想等被关注和评价了无数次。长大成人之后，票子、房子、车子、孩子、血压、血糖……新的关注内容出现了。因此，自我关注可谓人的自动习惯。我们既关注着自己，也关注着别人。关注自己真实感受的过程，是认识自己、了解自己，最后接纳自己，与自己融洽相处的一个过程。

为什么会那样？为什么会做那样的事情？为什么会有那样的想法？为什么会有那样的行为？喜欢什么？讨厌什么？是什么原因、条件、经历、家庭、思考习惯、行事习惯造就了现在的自己？每当自己做出某个行为，或是准备做一件事的时候要反思一下自己到底是怎么回事。这是认识自己、了解自己的一个过程。

1. 只关注，不评判，完整、深度地接纳自己。

准确地表达拒绝和感谢，不压抑自己，也不刻意表现和讨好，真实恰当地表达自己，然后了解自己的真正需求。你做某件事，是真的想要这么做，还是为了迎合别人而去做？为什么会生气，为什么会焦虑，为什么会期待，为什么会刻意表现，为什么会虚荣，为什么会在意别人的看法，为什么去攀比……这涉及人内心最深入的一些洞察。再问问自己，这些需求是必需的吗？最后让自己成为一个独立的世界，消化自己的情绪，接纳自己的一切，坚持自己的原则与底线，这是一个自律、反思、接纳自己的过程。拿学校举例，如果清华北大是100分，其余985高校算90分，211高校算80分，用这个逻辑给自己打分，就知道自己在社会上的段位，然后就不会好高骛远，不会怨天尤人，也不会妄自菲薄，而是会踏踏实实地过日子了。

2. 观察自我，但不要过度自我关注，不让自己的情绪和行为失控。

你是否有这样的经历：某次同事聚会上自己迟到了？某次在领导家吃饭时不小心打翻了酒杯？在地铁上，你不小心摔了一跤？你觉得自己很丢脸，于是决定下次同事聚会一定要早到；于是决定近期尽量不要再遇到那个领导；于是决定下次坐地铁的时候要戴上口罩，避免被认出来。实际上你高估自己了，没人会刻意记住你丢脸或者自信的瞬间。即使有人记得，也不会特别在意你犯的那个你自认为很蠢的错误。除非有人特别关注你，例如你的仇人或爱人。其他人基本不会时刻记着你在什么时候吹过什么牛，犯过什么错，穿过哪个名牌的鞋，戴过哪个价值连城的表。一切的好与坏、兴奋与尴尬都是你自我营造出来的——你高估了你自己。

过度地关注自己与关注自己的真实情感相反，你只是在关注别人的眼光。过度关注自己的人，只是关注别人眼中的自己，想要给别人塑造一个比较高端、优雅、完美的形象。有迎合的成分，有讨好的成分，也有不安全感或是自卑的成分。但忽略了自己的真实感受，往往表现得很刻意，很多事情往往会事与愿违，最终受害的还是自己。

人要磊落坦荡地活着，清清爽爽地活着，潜意识里要接受那个平凡、不完美的自己。何况过度关注别人的眼光也很费钱，服装要买名牌，手机要买名牌，吃喝玩乐要上档次，整天在朋友圈或者短视频里炫富、秀恩爱、刷存在感，没有任何意义。

3. 可以纠正自我的偏见，不用再为无所谓的事情焦虑。

在我们心中，自己比其他任何事都更关键。通过自我专注的观察，我们可能会高估自己。例如小李和小张走在街上，当有异性有意或者无意看向这边时，小李和小张都会认为对方是在看自己，特别是当他们都在出门前为自己的外貌做了些修饰之后，或者出门前都遇到了让自己有成就感的事情的时候。但事实或许只是对方随意地转了下头，并没有留意到小李和小张二人。

绝大多数时间，我们都高估了自己在社会上的形象，这种高估有时会让自己陷入不必要的纠结和痛苦之中。所以，当你男朋友责备你说“怎么不化妆？出去吃饭你不化妆，别人怎么看我们啊”时，他也高估了自己。他并非公众人物，出去吃个饭而已，没人在意他或者他女朋友长啥样。

有时候你打扮是为了让自己心情愉悦，那你就尽情地打扮吧。至于那些本身不想打扮，但是又怕身处人群会让人觉得自己相貌不佳的人，请放一百个心，陌生人注意到你的概率太低了，即使注意到你也不会过分在意你；即使在意，也不会记住你。你考虑普通大众对你的看法，不如考虑下碰到熟人的概率。相比陌生人，熟人会稍微注意一下你的外貌，但也不会太在意。所以，不要再为无所谓的事情而焦虑了。

4. 自我关注会产生两个结果：是什么？怎么做？

自我关注是识别自身情绪和意识，完整、深度地接纳自己。只要经过刻意的训练就可以有效识别自身情绪，进而调整自己的行为。

行为心理学里有个“21天效应”，只需要21天，人们就能够把一个新的动作或理念巩固下来，再依靠惯性坚持下去。大家可以努力坚持践行。

“21天效应”分为3个阶段：

第一阶段：1～7天，新行为还显得“刻意、不自然”，需要特意提醒自己。

第二阶段：8～21天，新行为表现得“刻意、自然”，但是，还需要意识去控制。

第三阶段：22～90天，新行为已经变成“不经意、自然”的举动，不需要意识去强制。

如果尝试失败了怎么办？其实，不尝试，才是真正的失败。

高情商不会一蹴而就，你要一步一个脚印地去处理每件事情。如果你适当地自我关注，掌握了各种控制情绪的技巧，成功就会一个接一个地出现。

第六章　自控思维模式

思考是上天恩赐给人类捍卫命运的盾牌。

——李嘉诚

注意你的思想，它们会变成你的言语。

注意你的言语，它们会变成你的行动。

注意你的行动，它们会变成你的习惯。

注意你的习惯，它们会变成你的性格。

你可能听过这样一句话：再穷也要站在富人堆里。这句话里的“穷”和“富”，一方面指经济上的，另一方面则指思维上的。穷人要具有富人的思维，它将帮你通往财富之路，通过控制和改变自己的思维模式，就能彻底改变自己的思想和生活。有时候，错的不是世界，错的是我们理解世界时采用的思维模式。

每个人都会时而被理性或逻辑掌控，时而被情绪或感受掌控，时而被两者共同掌控，这就是三种不同的思维模式。先说两种比较正确的思维模式，即受理性自我掌控的思维模式和受平衡自我掌控的思维模式。

第一种是受理性自我掌控的思维模式。此思维模式富有逻辑、实事求是，可以让人在工作中冷静地分析形势、制定方案。

第二种是受平衡自我掌控的思维模式。此思维模式理性自我和感性自我相结合，也是两种自我的平衡，不会感情用事，但做事时也不会不考虑感情。

本章我们重点阐述第三种思维模式：受感性自我掌控的思维模式。

这种思维模式比较危险，拥有这种思维模式的人情绪反应激烈，甚至一举一动都受其掌控，受到情绪化的冲动刺激，直接做出激烈反应，例如火冒三丈地将自己在工作上的情绪撒到家人身上。

受感性自我掌控思维模式的人，不管看待一个人，还是看待一件事情，唯一的依据就是自己的感受。一个人一旦有了某种感受，而这种感受又特别强烈的时候，就会认为这种感受一定是有某种现实的原因。比如一个女人梦见老公出轨了，梦里的情景是如此真实，以至于她会想：这个梦是不是某种预言，在提醒自己的老公背着自己做了什么不可描述的事情？于是接下来，她就可能观察老公的一举一动，翻翻衣服，查查手机，试图寻找蛛丝马迹。这个例子虽然有些极端，但在生活中，“把感受当成现实”这种思维确实非常普遍。“这种感觉这么强烈，所以一定是我想的那样的。”这种逻辑，在心理学上叫情绪推理。

情绪推理就是感性思维模式，经常出现在我们看待他人的时候。比如我们讨厌一个人的时候，即使对方没有什么过分的言行，我们也会下意识地从一些细节中找到“证据”，证明这个人确实讨厌。情绪推理是一种普遍现象，每个人都避免不了偶尔在某件事上被情绪冲昏头脑。所以，只要不是太过分，也不必大惊小怪。

但是，确实有一小部分人会固化这种认知。具备受感性自我掌控思维模式的人具备以下几个特点：

1. 习惯性猜疑。

他们不会轻易相信表面的东西，经常能找到理由怀疑他们本该信任的人。在感性思维的人的世界里，直觉和怀疑的界线就像蜘蛛网一样细，但却比刀片还要锋利。

2. 阴晴不定。

感性思维的人前一秒还对你热情似火，后一秒就会给你泼冷水。

他们心情的好坏取决于对周围人忠诚度的即时感知，一旦感受到了背叛或者感觉自己似乎受到了不公正的待遇，他们就会立即做出反应，速度之快以至于你都意识不到发生了什么。

3. 忽视与自己想法不相符合的事实。

他们一直沉浸在自己感受的世界里，用自己的思维方式解读周围的人和事，因此，别人很难以说理或事实来改变他们的想法。基于这样的特点，当你向一个感性思维的人解释一件事时，你会发现自己就像撞在了一堵墙上，无论如何也解释不清。

所以，当你发现自己处于一种强烈的感觉当中时，可提醒自己不要急着下定论，而是要理性客观地问自己两个问题：

（1）有什么客观依据可以证明我的感觉？

（2）这是自己对这种感觉的解读，有没有其他的解释或者理解？

如果条件允许，找一个值得信任的朋友聊聊，听听别人的看法。

一旦我们调动自己的理性，客观全面地看待自己的感觉时，就不容易陷入偏执的思维里，不容易钻牛角尖了。

当然，真正做到这点并不容易，但只要坚持去做，一切皆有可能。

希望大家都能够一点一点地改变，从感性思维当中跳脱出来，多用理性思维和平衡思维来思考问题、解决问题，这样才能掌控自己的生活，而不是被生活掌控。

第七章　心理压力测试

创业前，很多困难你都不会认为它是困难，当它突然成为你的困难时，很多人会承受不了压力就放弃了，这样的人一定不能成功。

——史玉柱

心理压力是外界环境的变化和机体内部状态所造成的人的生理变化和情绪波动。导致心理压力的因素很多，而且来源、性质不尽相同，可能来自社会，也可能来自家庭；可能是愉快的，也可能是不愉快的；可能是有益的，也可能是有害的。不管怎样，人面对压力总要采取某种态度去适应它。愉快的、有利的心理压力，一般来说对人的健康不会产生危害；短暂的心理压力对人的身心健康的危害也很小，但长期的心理压力使人在生理上产生过度的反应，如果不愉快的、有害的心理压力不能得到积极克服，往往会导致各种疾病。

如果你一年工作11个月，有1个月时间旅游和玩耍，你会觉得这1个月特别珍贵和难得；如果你一年旅游玩耍11个月，只有1个月时间去工作，你同样会觉得这1个月特别珍贵和难得。所以，没有压力本身也是一种压力，它的名字叫作空虚。无数的文学艺术作品描述过这种空虚感。那是一种比死亡更没有生气的状况，一种活着却感觉不到自己活着的巨大悲哀。为了消除这种空虚感，很多人选择了极端的举措来寻找压力或者刺激，一部分人找到了，在工作、生活、友谊或者爱情之中；另一些人，他们在寻找的过程中甚至付出了生命的代价。

作为老板，你是否会经常感到“忙、盲、茫”？

为业绩奔忙，为事业盲干，为人际关系迷茫，为此常常背负着巨大的心理压力。

1. 心理压力自测。

（1）经常感冒，且不易治愈。

（2）常有手脚发冷的情形。

（3）手掌和腋下常出汗。

（4）突然出现呼吸困难的苦闷窒息感。

（5）时有心脏悸动现象。

（6）有胸痛情况发生。

（7）有头重感或头脑不清醒的昏沉感。

（8）眼睛很容易疲劳。

（9）有鼻塞现象。

（10）有头晕眼花的情形发生。

（11）站立时有发晕的情形。

（12）有耳鸣的现象。

（13）口腔内有破裂或溃烂情形发生。

（14）经常喉咙痛。

（15）舌头上出现白苔。

（16）面对自己喜欢吃的东西却毫无食欲。

（17）常觉得吃下的东西像沉积在胃里。

（18）有腹部发胀、疼痛感觉，而且常下痢、便秘。

（19）肩部很容易坚硬、酸痛。

（20）背部和腰经常疼痛。

（21）疲劳感不易解除。

（22）有体重减轻的现象。

（23）稍微做一点事就马上感到很疲劳。

（24）早上经常有起不来的倦怠感。

（25）不能集中精力专心做事。

（26）睡眠不好。

（27）睡觉时经常做梦。

（28）在深夜突然醒来时不易继续再睡着。

（29）与人交际应酬变得提不起劲。

（30）稍微不顺心就会生气，而且时有不安的情形发生。

如在上述这些症状中，你出现了5项，属于轻微紧张型，只需多加留意，注意调适休息便可以恢复；如有11项至20项，则属于严重紧张型，就有必要去看医生了；倘若在21项以上，那么就会出现适应障碍的问题。

2. 压力指数自测。

据美国心理学家的研究，一个人一年中可以承受200数值左右的压力，从图5-3、图5-4中可以计算一年中所承受的压力。

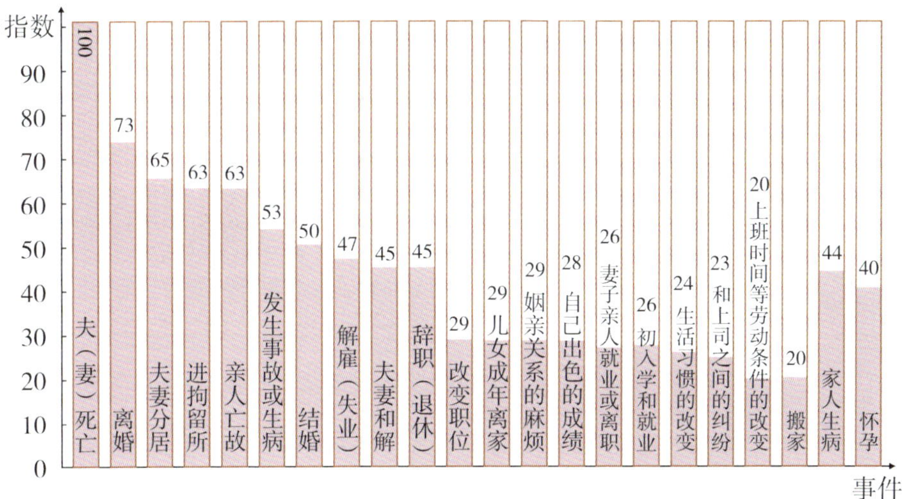

图5-3　压力指数（一）

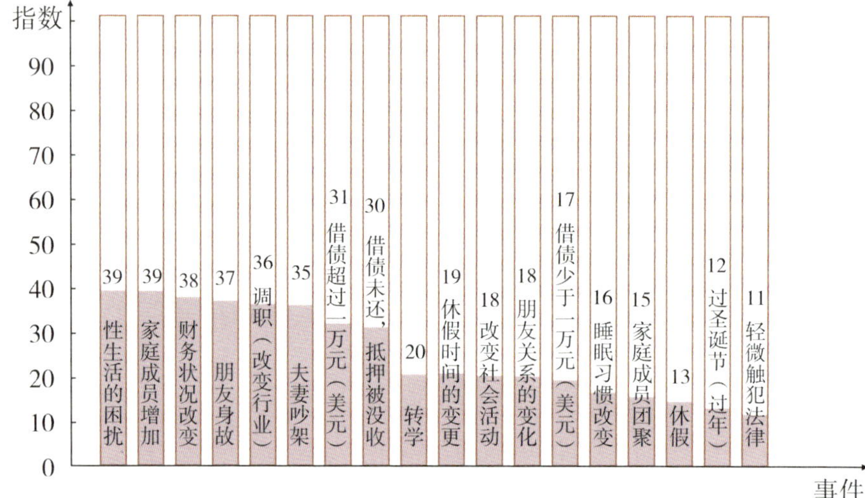

图5-4　压力指数（二）

压力指数分析：

150以下，表明过去一年中所承受的压力不算大，可以保持正常生活；150～200，表明所承受的压力已开始超越负荷量，无论躯体和心理都有可能发展为“亚健康”，需要替自己安排一些松弛神经的运动；201～300，表明已经成为“亚健康”，需要立即进行减压工程，以免受永久伤害；超过300则表示已经成为严重的“亚健康患者”，身体和心理都进入崩溃的边缘，最好向专业人士求助，否则会无法收拾。

压力的大小是由一个人的欲求和主观态度决定的，中国有句俗话是“知足者常乐，能忍者自安”，就是鼓励人们降低欲求以减少内在挫折，进而减少压力。

《孟子·告子下》：“故天将降大任于斯人也，必先苦其心志，劳其筋骨，饿其体肤，空乏其身，行拂乱其所为，所以动心忍性，曾益其所不能。”不同的选择，不同的压力，选择决定人生。

无压力，不成长。选择你相信的，相信你选择的！

第八章　亚健康表现与应对方式

不管过了多久，我都希望我可以拥有健康强壮的体魄、善良正直的灵魂。生活能改变很多，但我不想苟且，有一种自己的态度，便可风雨无阻。也许我已不再满腹锦绣，但也没有满腹牢骚，每一天都过好了，一辈子就好了。

——佚名

亚健康是指非病非健康的一种临界状态，是介于健康与疾病之间的次等健康状态。世界卫生组织将机体无器质性病变，但是有一些功能改变的状态称为“第三状态”，我国称为“亚健康状态”。处于亚健康状态的人，虽然没有明确的疾病，但却出现精神活力和适应能力的下降，如果这种状态不能得到及时的纠正，非常容易引起身心疾病。

我们不舒服的时候通常说患了疾病，但在古代“疾”与“病”含义不同。“疾”指不易觉察的小病疾，如果不采取有效的措施，“疾”就会发展到可见的程度，便称为“病”。这种患

“疾”的状态，现代科学叫“亚健康”或“第三状态”，古代中医学称“未病”。“未病”不是无病，也不是可见的大病，《黄帝内经》有曰：圣人不治已病，治未病。

创业者和白领阶层都是亚健康状态的主要人群。紧张的工作和生活的压力，造成生理与心理的双重疲劳。现代社会生活节奏快、心理压力大，都市生活的喧嚣，人际关系的复杂，随处潜在的风险，意料不到的挫折，环境质量的恶化，生活作息的不规律，特别是吸烟、酗酒、暴饮暴食、缺乏必要的运动等，使很多人陷入亚健康状态。

笔者列出如下亚健康症状，请大家对号入座：

（1）眼睛干涩，头部禁锢性疼痛。

（2）反应迟钝，思路混乱。

（3）经常容易感冒。

（4）油腻、肥胖、将军肚明显。

（5）脱发、斑秃、早秃。

（6）尿频、尿不净，总有便意。

（7）性生活能力下降。

（8）记忆力减退，容易忘事。

（9）做事经常后悔，易怒、烦躁、焦虑、恐惧、悲观，难以控制自己的情绪。

（10）注意力不集中，集中精力的能力越来越差。

（11）夜间难入眠，睡觉时间越来越短，醒来也不解乏。

（12）想做事时，不明原因地走神，脑子里想东想西，精神难以集中。

（13）看什么都不顺眼，烦躁，动辄发火。

（14）处于敏感紧张状态，惧怕并回避某人、某地、某物或某事。

（15）为自己的计划被扰乱而不高兴，总想恢复原状。

（16）对已经做完的事、已经想明白的问题，反复思考和检查，而自己又为这种反复而苦恼。

（17）身上有某种不适或疼痛，但医生查不出问题，于是不放心，总往最坏的方向想。

（18）很烦恼，但不知道为何烦恼；做其他事常常不能分散对烦恼的注意，也就是说好像摆脱不了烦恼。

（19）情绪低落、心情沉重，整天不快乐，工作、学习、娱乐、生活都提不起精神和兴趣。

（20）易于疲乏，或无明显原因感到精力不足、体力不支。

（21）怕与人交往，厌恶人多，在他人面前无自信心，感到紧张或不自在。

（22）心情不好时就晕倒，控制不住情绪和行为，甚至突然说不出话、视力模糊、憋气、肌肉抽搐等。

（23）觉得别人都不好，别人都不理解你，都在嘲笑你或和你作对。

（24）长时间的不良情绪。

（25）无食欲、便秘、消瘦等。

可采取以下预防措施：

1. 学会减压。

即适时缓解过度的紧张和压力；坚持体育锻炼，避免长期过度紧张的工作和学习，选择合适的运动和放松疗法，积极参加文体活动，比如看电影、散步、跑步、打太极拳、踢足球、听音乐、跳健身舞、游泳、唱歌等（见图5-5、图5-6），提高身体的抵抗能力。参加户外运动，适当晒太阳，进行有氧耐寒训练以增强体质，提高抗病能力。通过有氧代谢运动等增强自身免疫力；经常到植被丰茂、空气新鲜、环境优美、清洁的大自然中呼吸新鲜空气，锻炼呼吸功能，增加肺活量。

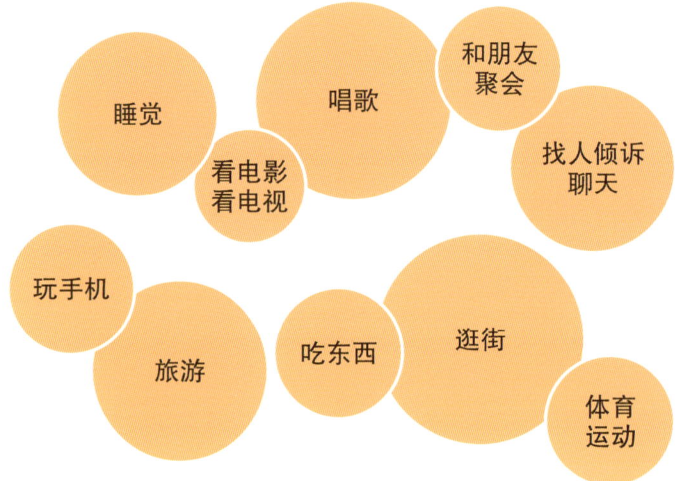

图5-5　老板常用的十大减压方式

图5-6　老板常用的十大运动方式

2. 保证睡眠。

要劳逸结合，避免过度疲劳。生活起居要有规律，保证充足的休息和睡眠（成年人每天保证7～8小时睡眠）。

3. 自律。

通过改变不良生活方式和习惯，从源头上防范亚健康状态发生。饮食清淡，营养均衡，食物品种多样化，不偏食，保证全面的营养。尤其注意适量吃富含维生素的新鲜蔬菜和水果，多喝水，不暴饮暴食，不过饥过饱，戒烟酒。

4. 打开自己。

即平衡心理、平静心态、平稳情绪；保持心情愉快、心胸开朗，树立战胜疾病的信心，多参加集体活动，多与家人、老师、同学、同事、朋友交流，疏解心情。

5. 控制情绪。

坚持认真地对待生活你就能获得快乐回报。不该知道的事情不要查问，放下心理负担，过简单舒适的生活。

6. 计划先行。

抵抗焦虑的方法就是事先准备好。试着制定一份工作计划或列出待办事项，养成提高工作效率的好习惯。

7. 学会爱自己。

只有懂得珍惜自己、爱惜自己的人，才能明白如何去照顾好另一个人。做一个善良的人，正视自己存在的价值。

睡在自家的床上，吃父母做的饭菜，听爱人给你说情话，跟孩子做游戏……当你拥有简单的幸福时，你就没有了精神上的压力，你就会为简单的幸福去努力锻炼身体，努力保持身体的强健，所谓的亚健康就会随风飘远。

第九章　七情六欲

棕榈树会相恋，猫会忧郁，情绪并非人类独有，但也唯有人类的情绪丰富生动、多姿多彩。

——佚名

人类的情绪概括为七情六欲，人类社会的一切生产生活活动或者改变世界的雄心都源于情绪，源于欲望。欲望不满足，人就会痛苦；欲望满足了，人就会无聊。既然是关于情商的书籍，我们就有必要了解前人总结出来的七情六欲。

一、七情

七情按儒家的说法，是喜、怒、哀、惧、爱、恶、欲；按佛教的说法，则是喜、怒、忧、惧、爱、憎、欲；医家的七情是喜、怒、忧、思、悲、恐、惊。

笔者下列的表达更接近医家的观点：

（1）喜，指喜爱、喜悦、喜好、喜欢、高兴、快乐等情绪。

（2）怒，指愤怒、恼怒、发怒、怨恨、愤恨等情绪。

（3）哀，指悲伤、悲痛、悲哀、怜悯、哀怜、哀愁、哀悯、哀怨、哀思等情绪。

（4）乐，指欢乐，是身心愉悦、充满幸福的一种情绪。

（5）惊，指惊诧、惊愕、惊慌、惊悸、惊奇、惊叹、惊喜、惊讶等情绪。

（6）恐，指恐慌、恐惧、害怕、担心、担忧、畏惧等情绪。

（7）思，指思念、想念、思慕等情绪。

二、六欲

《吕氏春秋·贵生》首先提出六欲的概念：“所谓全生者，六欲皆得其宜也。”东汉哲人高诱对此做了注释：“六欲，生、死、耳、目、口、鼻也。”后人将六欲概括为：见欲(视觉)、听欲(听觉)、香欲(嗅觉)、味欲(味觉)、触欲(触觉)、意欲，也有说法是食欲、性欲、情欲、占有欲、求知欲、成功欲。

（1）食欲：生理本能由于饥饿而产生的想吃东西的欲望，以及受社会环境影响而产生的想吃好、吃多、吃巧、吃奇、吃美的欲望。

（2）性欲：生理由于发育成熟而本能地产生的一种想与异性触摸和接触、发泄能量的欲望，以及受社会环境影响而产生的想猎奇探幽、排遣郁闷和寂寞而向往异性的欲望。

（3）情欲：七情导致的欲望。比如喜欢就能导致想与某人朝夕相处交朋友的欲望；愤怒可导致想打击报复的欲望；悲伤可导致自虐、自杀的欲望；惊奇可导致探险的欲望；恐惧害怕可导致求安全的欲望，如装防盗门、找靠山、请保安、结婚生子女等；思念可导致想回家、想重逢的欲望。

（4）占有欲：本能地为扩充活动范围、排除干扰、争取自由而产生的想据为己有的欲望，如自留地、私有财产、夫妻等是占有欲导致的一种结果。

（5）求知欲：好奇心引发的对未知领域和未知世界向往探索、想弄清究竟的一种欲望。

（6）成功欲：这是想得到社会承认的欲望。人人都不愿默默无闻，不愿被社会遗忘在某个角落，人人都想出类拔萃、与众不同、出人头地，都希望能得到他人的尊重、称赞、羡慕，于是就有了成功欲。

七情六欲是人类基本的生理要求和心理动态，是人性基础的基础，是人人皆有的本性，也是人间生活的最基本色调。但人与人并不一样，七情六欲的表现也就五花八门，正所谓“七情六欲人人有，千差万别各不同”。孟子说，“人之所以异于禽兽者几希”，但人毕竟不是禽兽，而是高等动物，是“万物之灵”，比起禽兽的欲望当然要高级得多。也就是说，人类不仅能接收信息，感受信息，还能因感受信息而感动、激动、冲动，并理智地加以节制或处理，把动物的欲望发展到情感和理智的高度，而普通动物的欲望和感受只停留在本能的水平上。从某种意义上来说，文学艺术就是表现人的七情六欲的艺术。

对待七情六欲，要有度，不能恣意放纵，但是也不可能绝对压制。设想下，如果人没有情欲，不就成了行尸走肉？如果人杜绝了基本欲望，凡事无为，不就成了植物人？但是，处于物质发达的现代，如果一味地纵欲，不控制自己的七情六欲，那就会很容易迷失本心，掉入欲望的深渊，无法自拔和自控。

还有一些看破红尘的人，或者因心灵上受到过创伤，或者因事业上遇到了逆境，虽然没有出家，但是心态却已看破红尘，不想再积极做事。看破红尘好的一面是，它让你找寻到真正的自己，回归自我本心的良知，从而发现世界的大爱和美好。但也不能凡事都看破，毕竟我们活在这个世间，还有责任，还有未竟的事业，还有无法割舍的亲情，还有友情和令人神往的爱情。

人，具有生命，具有思想，通过五官来感知这个世界，通过情绪来表达自己的感知，通过需求和渴望来创造。七情六欲丰富了人类的精神世界，充盈了世间的美好。

“从前初识这世间，万般流连，

看着天边似在眼前，也甘愿赴汤蹈火去走它一遍。

如今走过这世间，万般流连，

翻过岁月不同侧脸，猝不及防闯入你的笑颜。

我曾难自拔于世界之大，也沉溺于其中梦话，

不得真假，不做挣扎，不惧笑话，

我曾将青春翻涌成她，也曾指尖弹出盛夏，

心之所动，且就随缘去吧……”

第十章　确定自己的沟通模型

一个人必须知道该说什么，一个人必须知道什么时候说，一个人必须知道对谁说，一个人必须知道怎么说。

——德鲁克（现代管理之父）

沟通模型是指信息发送方借助语言、文字、动作、表情、肢体语言等载体，将知识、思想、情感等信息送达接收方的过程模型。我们每人都在基于自己的所听、所见讲故事，每个人的感情和行动都源于自己的需要，每个人都会基于自己的性格特质去与他人交往沟通。人一上百，形形色色，找到适合自己的沟通模型，降低沟通成本，让自己爱上沟通。常见的沟通模型一共分为如下四种：

一、消极被动型

消极被动的人全神贯注于“关注圈”，紧盯着他人的弱点、社会问题、环境问题、国际问题等许多超出个人能力范围的事情不放，结果越来越怨天尤人，自怨自艾，并不断为自己的消极行为找借口。错误的焦点产生了消极能量，再加上对力所能及的事情的忽略，就造成了影响圈日益缩小。这一类人往往缺乏能量，计划性不足，不稳定，判断力不良，不能适应生活中的挑战（见图5-7）。在体力上、精神上无任何明显障碍。他们一般不与周围人发生争辩，不与人建立亲密关系，在人群中往往被忽略。他们有想法和目标却不敢表达，于是泯然于众人，自己的真实感受得不到重视。认为自己没有任何问题，都是环境的问题，非常痛苦、压抑，但是又没有办法。

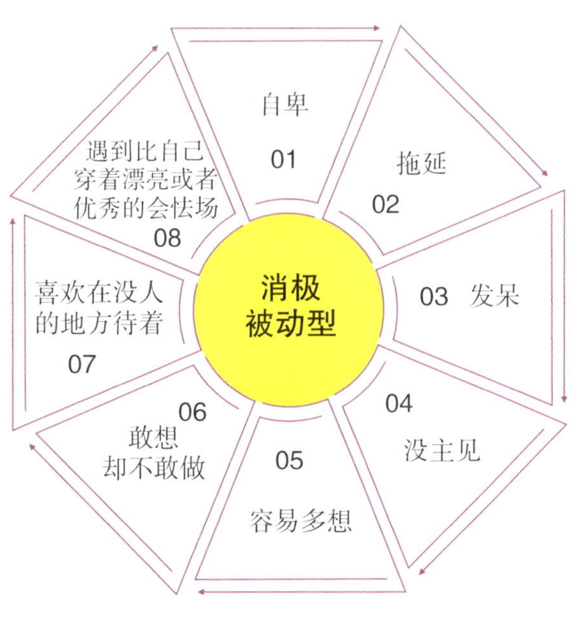

图5-7　消极被动型

二、攻击型

具有攻击型人格的人总是故意让别人难堪，而且说话阴阳怪气和尖酸刻薄，见不得别人好。这样的人很容易被人群排斥，人际关系也会很差。攻击型人格的人都很自私自利，他们只会站在自己的立场思考问题，故意嘲讽别人，以满足内心的空虚感。攻击型人格是一种典型的性格缺陷，是偏执型“病人”（见图5-8）。我们要学会与人为善，与人交往的时候，要以谦让和尊重为主，如果一味地攻击别人，就等于作茧自缚，别人也会以同样的方式来“回报”你，这样你的人际关系必定会一塌糊涂。

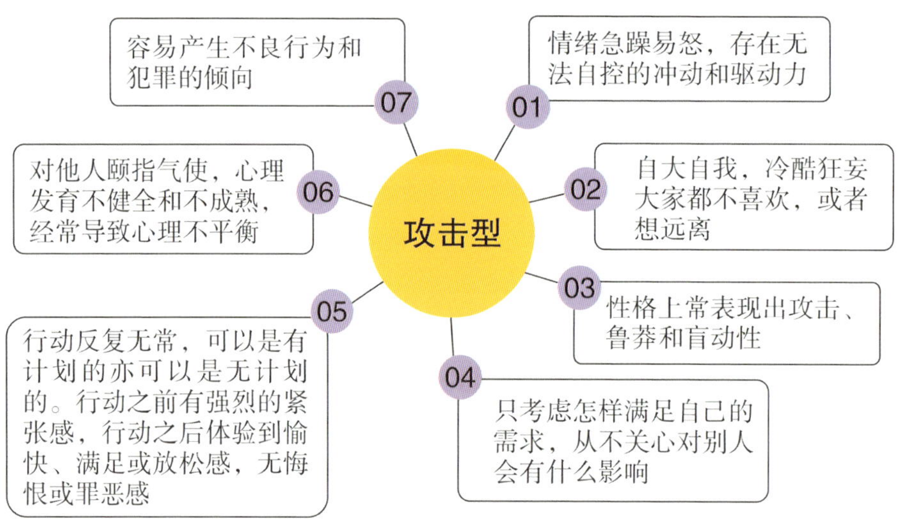

图5-8　攻击型

三、被动攻击型

被动攻击型人格障碍的主要特点，简单讲就是：用消极的、恶劣的、隐蔽的方式发泄自己的不满情绪，以此来“攻击”令他不满意的人或事（见图5-9）。被动攻击型人格其实也是一种心理问题，并且属于一种比较隐蔽的人格障碍。其中，最主要的一点就是不能用恰当的、有益的方式表达自己不愉快的情感体验。被动攻击型人格的人明明有很多不满和怨恨的情绪，却又不愿坦荡、大方地表达出来，而是采取只有自己才清楚的、将事情越弄越糟的宣泄方式获得某些心理平衡。被动攻击型人格的人仇视情感与攻击倾向十分强烈，牢骚满腹，但心里又很依赖权威。被动

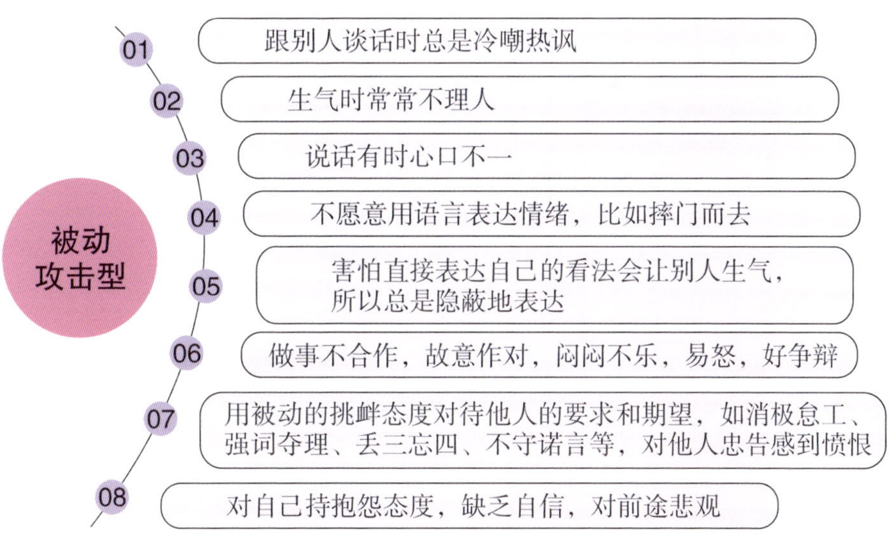

图5-9　被动攻击型

攻击型人格的人要学会控制怒火、公平待人，客观真实地了解自己，学会争取自己真正想要得到的东西。

四、自主型

拥有自主型人格的人，自己决定自己的态度、想法等，自己为自己的行为负责，他们能看到自己、他人和世界的本相。事实是什么样子，他们就看到什么样子，一直活在真实之中。自主者既能深入地理解世界，又能真诚地看待自己，他们的自我更和谐，他们与世界的关系也更和谐（见图5-10）。

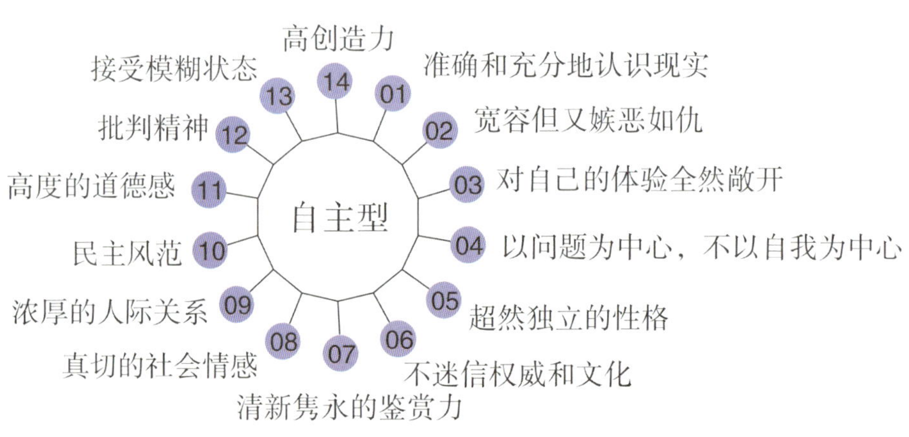

图5-10　自主型

认知自己，认知自己的沟通模型，然后尽自己最大可能去接近自主性沟通，将自己的热忱与经验融入谈话中，是打动人最快速的方法，也是关键要素。如果你对自己的话不感兴趣，怎能期望他人感动？与人交谈一次，往往比多年闭门劳作更能启发心智，换句话说就是“与君一席话，胜读十年书”。思想必定是在与人交往中产生，而在孤独中进行加工和表达的。让我们从此爱上沟通。

第十一章　最高级的情商是慈悲

把每一个今生遇到的面庞，都幻化成自己亲人的模样。

——佚名

慈悲的意思是给众生快乐，将众生从苦难中解救出来，亦泛指慈爱与怜悯。“慈”是指带给他人利益与幸福，“悲”是指扫除他人心中的痛苦与悲伤。当智慧与慈悲同时出现在我们面前时，往往看重了智慧而忽视了慈悲。慈悲是大海里的汪洋之水，没有深广的大海就没有自在的智慧之鱼。

“无缘大慈”的“缘”就是条件，“无缘大慈”就是没有任何条件地爱护众生。因此，不要去分对象，无论男女老幼、贫富贵贱，还是爱恨情仇，都要平等对待，没有分别，没有执着。

别人受苦就等于我们自己受苦，别人快乐就等于我们快乐，所以要无条件地帮助爱护别人，这叫“同体大悲”。例如，身体的某个部位受了伤，手就会去抚摸、按揉，手还会去谈条件吗？自己的牙齿咬了自己的舌头，舌头会去报仇吗？这就是“同体大悲”。

我们都是红尘中摸爬滚打的俗人，有着强烈的企图心、分别心和执着心，纵然有慈悲，也不是大慈大悲，只是善念、善行而已。善良的人，运气都不会太差，“爱出者爱返，福往者福来”。我们要学会从优秀的传统文化当中涉取营养，养浩然正气的同时位卑未敢忘忧国，这样我们的事业就会顺风顺水，我们的生活也会充实而有活力。

一、增强民族自信与文化自信，学习传统文化“三宝”

中国的高铁、互联网、物流网，以及中国的制造业已经走向世界，但是中国人要走向世界，必须增强民族文化的自信心。对于一个民族来说，重视自己的民族精神并以优秀文化传统来培育自己的人民尤其是青年人，就是强化民族团结、生存、发展的精神力量。历史一再证明，一个文化认同感强的民族，往往能够抵御外来侵略，保持民族和国家团结，不容易被外来势力所分裂。中华民族长期以来一直维持团结统一，靠的就是由文化认同而产生的伟大民族精神。

中国传统文化“三宝”：一曰慈，二曰俭，三曰不敢为天下先。

（1）“慈”是指对人对事都怀有一种慈爱、仁爱的态度。所谓“敬人者，人恒敬之；爱人者，人恒爱之”，“慈”与万事万物、与天地融为一体，体现了博大、从容的胸襟。从个人方面来讲，对周围的人有慈爱之心，能够帮助我们拥有和谐的人际关系。

（2）“俭”是一种简简单单、朴朴实实、实事求是的作风。现代社会物欲横流，大都追求纸醉金迷的成功，房子要住海边别墅，车要开奔驰大G，吃要吃米其林三星，玩要玩得新潮、刺激，等等。所以当下人们越来越注重肉体的满足，而忽视对精神的追求。如果能将物质和心灵简约化，少一些攀比和贪嗔痴，会减少很多痛苦和烦恼。

（3）“不敢为天下先”。老子说：“不敢为天下先，故能成器长。”古往今来，凡是能成就大事者，没有一个不是先静观其变，再等水到渠成之时才果敢地行动的。“不敢为天下先”绝不能狭隘地认为担心“枪打出头鸟”，而是做事情要审时度势，要有耐心。“天之道，不争而善胜，不争而自来”。网络上有一个段子说马云是摸着石头过河，马化腾是摸着马云过河，这可能就是一种商道智慧。

二、仁者无敌

周星驰导演的《美人鱼》里有一句台词：无敌是多么的寂寞。

无敌并非字面上的能战胜一切敌人，而是从根本上就没有树敌，内心中就不存在着敌意。“人若无私身气香，人若私重气难闻。”公平就是起点公平加上过程公正。从情商的角度来看，制造不公平，就是在制造情绪和仇恨，就是在制造“敌人”。相反，若人能消除负面情绪，有仁者的情怀，自然宽容、谦让，在意并关怀他人的需求和感受，与人便无冲突之可能，与社会也无冲突之可能。学会换位思考，设身处地地去感受别人的难处、理解别人的不幸、体谅别人的不易，是人性中最大的善良。你让人舒服的程度，决定你抵达的高度。真正葆有善意的人，都有一份难得的悲悯之情。看破不说破，看穿不揭穿，知道人海漂流谁都不易，学会理解别人的软弱，学会适当地给人留余地。看出对方的苦衷，不苦苦相逼，是一种体贴。

三、无缘大慈，同体大悲，是一个人最高级的情商

在我们中国，从来不缺这样悲天悯人的平凡英雄和英雄群体。慈悲是崖畔的桂、雪中的梅，是改变无数山区女童命运的云南丽江华坪女子高中的张桂梅校长；慈悲是微弱的灯、火红的灶，是江西南昌肿瘤医院一墙之隔，为无数病人烹煮焦虑和苦涩、端出温暖和芬芳的万佐成、熊庚香夫妇；慈悲是请战书，是疫情之下逆行武汉的全国各地的白衣天使；慈悲是冲锋号，是河南水患时抗洪抢险的人民子弟兵和全国各地纷至沓来的热心群

众；慈悲是每一天千千万万平凡的人在为了让这个世界变得更加美好的奋斗与坚守……

因为仁爱，所以无敌；因为懂得，所以慈悲。

最高级的情商是慈悲。

卷尾语

Sunshine

你的情商在几楼？

浪迹江湖万里游，历经风雨不言愁。
花间林下一壶酒，问君情商在几楼？

笔者把世俗的情商按照自己的理解分成了9层楼（见图1），情商特别低下者被打入了地下室负一、负二层，本文就不让低情商者出镜了。

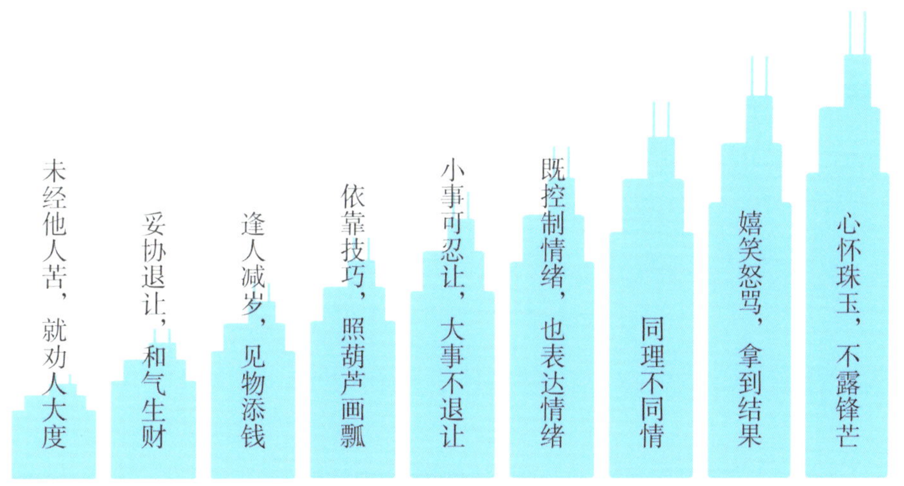

图1　情商九层楼

请看吧，你的情商在几楼?

不知不觉间就写到了结尾，揉了揉酸涩的眼睛、酸胀的腰和胀痛的太阳穴，还是有一种小小的幸福感充盈心田。其实，写作是一件非常考验耐性的事情，枯燥无味时有之，思维枯竭时有之，头昏眼花时有之，踌躇满志时有之，几次想停笔就此作罢又咬牙坚持，坚持的动力就是本书多少还能够给他人一些借鉴和指引。写作赚钱谈不上，写作发财更别想，总之，写作必须有情怀才能坚持。值得庆幸的是，这样的情怀笔者已经默默“高潮”了三次，预计还会有第四次、第五次……我默默地践行着美美夏尔巴人的使命：帮助别人，快乐自己。

希望本书能给创业者带来思考，能给从业者提供助力，能够推动个人情商的提升，进而促进万千家庭的和谐幸福。

但愿人间多情，但愿日子清平，但愿花开遍地，覆盖世界刀兵。

小书籍大愿望，愿书里面的每一句话都能够成为抚慰他人的暖阳，愿此后的天空清澈晴朗，愿情商生出漫天的阳光，照耀在亘古的东方，照耀在锦绣中华这片生机勃勃的大地上。

春水初生在天边，

春林初盛也还远，

春风千里吹不到，

不如此书在眼前。